WISSEN *leicht gemacht*

DIE GROSSEN DER PHILOSOPHIE

Dr. Joachim Gartz

Compact Verlag

Chefredaktion: Dr. Angela Sendlinger
Redaktion: Alice Hassel
Produktion: Wolfram Friedrich
Abbildungen: Lidman Production, Stockholm;
Gruppo Editoriale Fabbri, Mailand
Titelabbildungen: Lidman Production, Stockholm (1); Gruppo Editoriale Fabbri, Mailand (1); dpa-Picture-Alliance, Frankfurt (2)
von links nach rechts: Aristoteles und Platon, Ausschnitt aus Raffael, *Schule von Athen*; Arthur Schopenhauer; Peter Sloterdijk;
François Seraphin Delpech, *Voltaire*
Gestaltung: Axel Ganguin
Umschlaggestaltung: Hartmut Baier

ISBN 978-3-8174-5843-1
5458433

Besuchen Sie uns im Internet: www.compactverlag.de

Inhalt

Neuzeit 53

Moderne 105

Register 126

Antike

Die antike griechische Philosophie begründet die Philosophie des Abendlandes und ist für seine gesamte weitere Geistes- und Kulturgeschichte von maßgeblicher Bedeutung. Die drei wichtigsten griechischen Philosophen sind Sokrates (470–399 v. Chr.), Platon (427–347 v. Chr.) und Aristoteles (384–322 v. Chr.), die sich in ihrem Denken jeweils gegenseitig beeinflussen. Die griechische Philosophiegeschichte gliedert sich in eine vorsokratische und eine sokratische Epoche. Im Vordergrund steht bei den Vorsokratikern die Frage nach dem Ursprung und Wesen der Welt. Die großen Philosophen der sokratischen Epoche Sokrates, Platon und Aristoteles folgen ihnen auf diesem Weg und präsentieren in ihren Werken erstmals bedeutsame Beiträge zur Beantwortung der Grundfragen der menschlichen Existenz.

Pythagoras und Thales (Miniatur)

Die Vorsokratiker

Der Wohlstand, den Seefahrt und Handel den griechischen Küstenstädten bringen, führt zugleich zu einer kulturellen Blüte, die neue Wege des Denkens eröffnet. In den Küstenstädten, in denen unterschiedliche Kulturen aufeinandertreffen, bilden sich die ersten wichtigen geistigen Zentren Griechenlands heraus.

Das griechische Denken nimmt fremde Einflüsse auf, bewahrt jedoch zugleich seine eigene Identität. Die ersten Versuche des Menschen, die Welt mit den Mitteln der Vernunft zu erklären, reichen ungefähr bis auf das Jahr 550 v. Chr. zurück.

Die Geschichte der griechischen Philosophie erstreckt sich über ein Jahrtausend hinweg und endet mit dem 6. Jh. n. Chr.

Die ältesten griechischen Philosophen sind alle auf der Suche nach einem Urstoff, auf den sich sämtliche Erscheinungen zurückführen lassen. Man bezeichnet diese noch unkritisch vorgehenden Denker als „Vorsokratiker".

Bedeutende Vorsokratiker sind z. B. Thales von Milet (625–545 v. Chr.), Pythagoras von Samos (580–496 v. Chr.), Heraklit von Ephesos (540–480 v. Chr.) und Parmenides von Elea (540–480 v. Chr.). Die Vorsokratiker befinden sich in einem politischen

Umfeld, welches durch heftige Schwankungen geprägt ist. Ihr leidenschaftliches Streben nach Ordnung erklärt sich daraus, dass Athen zunächst von Solon (640–561 v. Chr.) modernisiert wird, der die Demokratie etabliert hatte. Nach ihm kehrt Athen jedoch wieder zur Tyrannei zurück, wird von Sparta erobert und erlebt in der Folgezeit zunächst eine Phase heftiger politischer Unruhen bis sich schließlich die Demokratie wieder durchsetzt.

Solon

Während Thales die Ansicht vertritt, dass die Welt aus Wasser gemacht ist, ist sein Zeitgenosse Anaximander (610–545 v. Chr.) der Meinung, dass es kein zentrales stoffliches Urelement geben kann, sondern alle sichtbaren Erscheinungen auf einen unsichtbaren Urstoff zurückzuführen sind, den er *apeiron*, das „Grenzenlose“ nennt. Anaximander ist damit der erste Denker, der eine nicht wahrnehmbare Substanz für real existierend erklärt. Während die so genannten Milesier Thales, Anaximander sowie sein Schüler Anaximenes (585–526 v. Chr.) von einem Grundstoff ausgehen, vertritt Pythagoras die Ansicht, dass die Grundelemente der Welt aus Zahlen und Zahlenverhältnisse bestehen.

Pythagoras

Er verneint die Existenz eines wie auch immer gearteten Grundstoffes. Vielmehr glaubt er, dass sich hinter den wahrnehmbaren Erscheinungen eine abstrakte Ordnung verbirgt, die durch Zahlenverhältnisse erklärbar wird. Und tatsächlich besitzen die Lehrsätze der Mathematik eine universelle Gültigkeit. Pythagoras ist jedoch kein reiner Mathematiker sondern ein Zahlenmystiker, der glaubt, dass durch die Bewegung der Sterne Töne erzeugt werden, welche nur die Götter wahrnehmen können und die er als die „Musik der Sphären“ bezeichnet.

Ebenfalls im Gegensatz zum Denken der Milesier steht die Philosophie des Heraklit. Die Ordnung der Natur offenbart sich seiner Meinung nach nur den wenigsten Menschen, denn „die Natur liebt es, verborgen zu sein“.
Er geht zwar davon aus, dass die Natur von einem Ordnungsprinzip, einem *logos*, bestimmt wird, doch diese unsichtbare Ordnung bleibt für den Menschen unergründbar.
Ähnlich wie schon vor ihm Anaximander meint Heraklit, dass die wahrgenommene Welt durch nicht wahrnehmbare Vorgänge bestimmt wird. Im Gegensatz zu Anaximander ist das von Heraklit vertretene Prinzip des unsichtbaren *logos* jedoch nichts Materielles mehr.
Während die meisten Vorsokratiker die Welt als eine Einheit begreifen, ist diese nach der Ansicht Demokrits (460–370 v. Chr.) aus winzigen und folglich nicht wahrnehmbaren Teilchen zusammengesetzt, die er Atome nennt.
Mit Demokrits materialistischer Atomlehre wird die Welt endgültig entzaubert. Mit seinem Werk findet die vorsokratische Epoche ihre Vollendung. Selbst die menschliche Seele, die für die anderen Vorsokratiker ein äußerst rätselhaftes Phänomen darstellt, ist für Demokrit nichts weiter als eine vergängliche Ansammlung von Atomen.

Die Sophisten

Zwischen den Vorsokratikern und den Sokratikern stehen die Sophisten, deren Denken vom Zweifel an der menschlichen Erkenntnisfähigkeit geprägt ist. Sie weisen auf die Schwächen im Gedankengebäude der Vorsokratiker hin. Der bedeutendste Sophist ist Protagoras aus Abdera (480–410 v. Chr.) für den der Mensch das Maß aller Dinge darstellt.
Die meisten Probleme, die im späteren Verlauf der Philosophiegeschichte im Zentrum stehen, werden bereits von den Sophisten formuliert und kritisch reflektiert. Die gemeinsame Ausgangsbasis der verschiedenen sophistischen Denkschulen bildet der Zweifel gegenüber der Zuverlässigkeit der menschlichen Wahrnehmung, aus dem eine prinzipiell kritische Haltung gegenüber der menschlichen Erkenntnisfähigkeit erfolgt.
Die Sophisten sind zugleich das Produkt eines wirtschaftlichen und kulturellen Aufschwungs, der sich in Griechenland einstellt, nachdem die griechischen Freiheitsideale erfolgreich im Krieg gegen die Perser (500–449 v. Chr.) verteidigt worden sind. Athen wird zum Mittelpunkt des geistigen und politischen Lebens und die Beherrschung der Redekunst wird zu einem absolut unerlässlichen Mittel, um in der Politik eine folgreiche Rolle spielen zu können.

Die Sophisten folgen dem stark gestiegenen Interesse nach Weisheit und Redekunst und ziehen als Wanderlehrer von Stadt zu Stadt.
Sie verstehen sich nicht als reine Theoretiker, sondern in erster Linie als Praktiker, die ihren Schülern dabei helfen, ihre praktischen Fähigkeiten in der Redekunst zu verbessern. Theoretische Ideen besitzen für die Sophisten nur begrenzten Wert. Wenn es nach sophistischer Auffassung nicht möglich ist, mit letzter Gewissheit zu entscheiden, wer in einer bestimmte Frage Recht hat, kommt es in erster Linie darauf an, die eigene Meinung möglichst beredt zu vertreten und durchzusetzen. Auch für das ethische Handeln sehen die Sophisten zunächst keine objektiv erkennbaren Gründe. Auf dem Gebiet der Ethik sehen sie angesichts dieser Situation ihre Aufgabe darin, den Menschen gewissermaßen zum Guten zu überreden. Die herausragende Leistung der Sophisten für die Philosophie liegt darin, dass sie erstmals das Hauptaugenmerk weg von der Natur und hin zum Menschen richten und damit die „naive" vorsokratische Naturphilosophie überwinden helfen. Zum ersten Mal steht das Denken selbst im Mittelpunkt des philosophischen Nachdenkens über das eigentliche Wesen der Dinge. Die Sophis-

Das antike Athen war Mittelpunkt des geistigen und politischen Lebens

ten sind sowohl in erkenntnistheoretischer als auch ethischer Hinsicht Relativisten, da für sie in beiden Bereichen keine objektiven Maßstäbe existieren. Sie bereiten somit die sich anschließende sokratische Epoche der griechischen Philosophie vor, indem sie erstmalig die Möglichkeiten des menschlichen Denkens kritisch hinterfragen.

Die Sokratiker Blütezeit der griechischen Philosophie

Die Blütezeit der griechischen Philosophie bricht mit dem Leben und Wirken der drei größten griechischen Philosophen Sokrates, Platon und Aristoteles an, wobei

Platon und Sokrates

Platon ein Schüler von Sokrates und Aristoteles ein Schüler Platons ist. In der sokratischen Epoche bilden sich die wichtigsten philosophischen Teildisziplinen wie z. B. Logik, Ethik und Metaphysik, heraus. Athen ist als geistiger und politischer Mittelpunkt zu einer bisher in Europa ungeahnten Blüte aufgestiegen. Doch bereits die Sophisten haben die öffentliche Ordnung mit ihrer Kritik an der Erkenntnisfähigkeit des Menschen infrage gestellt und auch Sokrates zielt mit seinen bohrenden Fragen darauf ab, vermeintliche Gewissheiten als voreilige Scheingewissheiten zu entlarven. Seine auf das „wissende Nichtwissen“ abzielende Erkenntnismethode wird als *Maieutik* (Hebammenkunst) bezeichnet. Allerdings versucht Sokrates, im Gegensatz zum alles durchdringenden Relativismus der Sophisten, der Wahrheit allerdings so nahe wie möglich zu kommen. Das Ziel des sokratischen Fragens besteht in der Selbsterkenntnis des Menschen, die auch eine ethische Konsequenz hat. Der sich selbst erkennende Mensch weiß zugleich auch, was er tun soll: das Gute.

Platon, der als Schüler Sokrates' zutiefst bestürzt über das gegen seinen Lehrmeister verhängte Todesurteil ist, verhilft diesem in seinen sokratischen Dialogen nach der Hinrichtung zu einer Wiederauferstehung.

Platon macht in seinem Werk die Figur des Sokrates zum Sprachrohr für seine eigenen philosophischen Überzeugungen. Mit dem wissenden Nichtwissen des Sokrates kann Platon sich jedoch auf Dauer ebenso wenig zufrieden geben, wie mit dem Relativismus der Sophisten. Das Ziel der Philosophie muss seiner Ansicht nach darin bestehen, zu gültigen Erkenntnissen zu gelangen. Von der Frage ausgehend, was das wirkliche Sein der Dinge ausmacht, entwickelt Platon seine Ideenlehre. In seinem berühmten Höhlengleichnis zeigt er, dass die Menschen für gewöhnlich nur Abbilder, jedoch nicht die eigentliche Wirklichkeit wahrnehmen. Die Welt des wahren Seins ist das Reich der reinen Ideen, im Gegensatz zur wahrgenommenen Welt der Erscheinungen. Platons Idealismus steht somit im scharfen Gegensatz zum Materialismus der Atomlehre Demokrits. Die Aufgabe des Menschen sieht Platon darin, ähnlich wie sein Lehrer Sokrates, das Gute zu verwirklichen. Der Ort, an dem der Mensch seiner Bestimmung zum Guten zu folgen hat, ist Platons idealer Staat.

Aristoteles' Denken wird zunächst stark vom Einfluss seines Lehrmeisters Platon geprägt. Nach Platons Tod macht er sich dann an die Aufgabe, der sinnlich wahrnehmbaren Welt wieder einen Platz im Reich der Philosophie zu geben, die bei Platon zu einer rein abstrakten Ideenlehre geworden ist. Aristoteles meint, dass jedes Ding seinen Zweck in sich selbst trägt und die Natur genauso wie der Mensch ständig nach Selbstverwirklichung strebt.

! Römische Philosophie

Die römische Philosophie entsteht aus der griechischen und existiert über längere Zeit parallel zu dieser. Tatsächlich ist es teilweise schwierig zwischen den beiden Traditionen Unterschiede festzustellen. Aus der Kopie und Übertragung der griechischen Philosophie erwuchsen die geistigen Auseinandersetzungen, das Bewusstsein eigener Art und eigener Werte, die Profilierung und Artikulation des spezifisch Römischen. So stellte sich für die Römer jetzt die Frage nach der Bedeutung des Einzelnen *(individuum)* und nach dessen Einordnung in Staat und Gesellschaft *(commune)*. Die römische Philosophie sah es als ihre Aufgabe an, dem Menschen hilfreich zur Seite zu stehen und vollzog so die „ungriechische" Hinwendung zum einzelnen Menschen.

Mit diesem Prinzip des ständigen Strebens nach Selbstverwirklichung distanziert sich Aristoteles von der Ideenlehre Platons, in der die dingliche Welt und das Reich der Ideen streng voneinander getrennt sind. Die aristotelische Lehre kommt auch ohne ein mysteriöses Reich der reinen Ideen aus. Das innere Prinzip, dem alle Dinge zu folgen scheinen, bezeichnet er als „Teleologie". Alles ist auf ein Ziel hin *(telos)* ausgerichtet. Nicht nur das Naturgeschehen, sondern auch der Mensch und die Geschichte folgen einem bestimmten Zweck. Mit der Lehre des Aristoteles und seinem teleologischen Weltbild erreicht die griechische Philosophie ihren endgültigen historischen Höhepunkt.

Philosophische Strömungen der Zeit nach Aristoteles

Wichtige Strömungen der nacharistotelischen Epoche sind u. a. die das Streben nach Lustgewinn in den Mittelpunkt ihrer Philosophie stellenden so genannten Epikureer sowie die Stoiker, die, z. B. vertreten durch Zenon (336–265 v. Chr.), das Leben im Einklang mit der Natur predigen und zutiefst von der Macht der menschlichen Vernunft überzeugt sind. Das höchste philosophische Ideal sehen die Stoiker in einem ausgeglichenen Seelenzustand der auch als „Apathie" *(apatheia)* bezeichnet wird, während besonders gute oder schlechte Gefühle gleichermaßen schädlich sein können. Eine weitere späte griechische Denkschule ist der Skeptizismus, der von Pyrrhon (360–271 v. Chr.) begründet wird. Die Skeptiker halten den festen Glauben der Stoiker in die Kraft der Vernunft für naiv. Für sie ist die einzig haltbare philosophische Grundeinstellung der permanente Zweifel, da der Mensch ohnehin nichts sicher wissen kann.

Thales von Milet
Begründer der abendländischen Philosophie

Thales von Milet, der aus der Handelsstadt Milet im griechischen Kleinasien stammt, gilt allgemein als Begründer der Philosophie des Abendlandes. Über sein Leben ist nicht viel bekannt und er hat auch keine philosophische Schrift hinterlassen. Aristoteles beschreibt Thales als einen klugen Geschäftsmann, der sich auch mit naturwissenschaftlichen Fragen beschäftigt.

Thales von Milet

So gelingt es Thales u. a., eine Sonnenfinsternis exakt vorauszusagen. Thales wird von Platon, Aristoteles und vielen anderen übereinstimmend als der erste Philosoph bezeichnet, da es ihm um das Wesen der Dinge geht. Er stellt die Frage nach dem Ursprung der Welt und kommt zu dem Schluss, dass das Wasser der Stoff ist, aus dem die Welt entstanden sein muss.

! Lebensdaten

ca. **624 v. Chr.** Geburt in Milet, griechisches Kleinasien
ca. **547 v. Chr.** Tod

Das Wasser ist für ihn das grundsätzliche Prinzip des Lebens, der Urgrund, aus dem alles andere entspringt. Er ist der erste Denker des Abendlandes, der die Entstehung der Welt nicht durch einen Mythos deutet, in dem heilige Wesen für die Schöpfung verantwortlich gemacht werden.

Thales führt das philosophisch-wissenschaftliche Prinzip des rationalistischen Logos ein, das im Gegensatz zur mythischen Erzählung steht.

Er ist allerdings weit davon entfernt, ein bloßer Materialist oder Atheist zu sein. Eine der wenigen von Thales überlieferten Aussagen lautet: „Alles ist voll von Göttern." In der Wirklichkeit waltet für ihn als wichtigstes Urprinzip das Wasser. Die Wirklichkeit selbst hat jedoch ihren Ursprung im Göttlichen.

Thales bleibt damit zwar einerseits dem mythischen Denken in gewisser Weise verhaftet, andererseits führt er die fundamental wichtige Unterscheidung zwischen dem äußeren Schein und dem inneren Wesen der Dinge in das abendländische philosophische Denken ein.

? Schon gewusst?

Das Denken Thales' wird stark von einer frühgriechischen naturphilosophischen Denkschule beeinflusst, die als Hylozoismus bezeichnet wird. Der Begriff leitet sich ab von den griechischen Worten *hyle* für Materie und *zoe* für Leben. Die Hylozoisten sehen alle Materie als belebt an und gehen davon aus, dass die letzte Grundlage allen Geschehens ein belebter Urstoff ist, der zunächst bei Thales das Wasser und später bei Herakles das Feuer ist. Hylozoistische Gedankengänge gewinnen in der weiteren Philosophiegeschichte u. a. bei materialistisch denkenden Philosophen wie Spinoza eine zentrale Bedeutung, der im Rahmen seines Substanzbegriffes die Existenz Gottes als ursächliches Prinzip für die Entstehung der Natur mit Nachdruck leugnet.

Neben der Welt der Erscheinungen existiert die Welt des Seins der Dinge. Thales und die ihm nachfolgenden Vorsokratiker stellen die Frage nach dem Ursprung und dem Sein der Dinge.
Aristoteles wird später eine erste Definition der Philosophie als der „Wissenschaft vom Sein als solchem“ liefern.

Heraklit
Lehre von der Einheit der Gegensätze

Heraklits Leben spielt sich vornehmlich in Ephesos ab, einer griechischen Stadt unter persischer Oberherrschaft, die im 6. Jh. v. Chr. zu den wichtigsten Handelsplätzen an der Küste Kleinasiens zählt.
Heraklits Werk ist nur in Fragmenten überliefert. Über das Leben Heraklits existieren lediglich einige sich widersprechende, überlieferte Anekdoten.

! Lebensdaten

550 v. Chr. Geburt in Ephesos
483 v. Chr. Tod

Seine Zeitgenossen betrachtet er als „Schlafende“, die sich nicht darüber bewusst sind, dass in allem und durch alles ein umfassendes Weltgesetz, der „Logos“, wirksam ist.

Heraklit sieht seine philosophische Aufgabe darin, seine Mitmenschen über diesen Umstand aufzuklären und „ein jedes nach seiner Natur zu zerlegen und klarzumachen, wie es sich damit verhält“.
Das Schicksal des Menschen liegt nach Ansicht Heraklits nicht in der Hand der unergründlichen

Heraklit

Entscheidungen der Götter, sondern es folgt logisch nachvollziehbaren Gesetzen. Das Prinzip des Logos verbindet er mit einem einheitlichen materiellen Prinzip. Während dieses Prinzip für Thales das Wasser ist, erblickt Heraklit im Feuer das allen Naturerscheinungen zugrunde liegende Urprinzip. „Alles ist Austausch des Feuers und das Feuer Austausch von allem, gerade wie für Gold Waren und für Waren Gold eingetauscht wird.“

Für Heraklit befindet sich alles in steter Bewegung. Es gibt keinen Stillstand. Sein berühmt gewordener Grundgedanke lautet: *pantha rei* – alles fließt. Es ist folglich unmöglich, „zweimal in denselben Fluss zu steigen". Alles fließt, doch in allem Fließen ist der Logos als universales Gesetz wirksam, das jedoch nur von wenigen erkannt wird.

Tag und Nacht, Sommer und Winter, Krieg und Frieden – alle Gegensatzpaare werden durch eine unsichtbare Harmonie miteinander verbunden. Wer dieses unsichtbare Prinzip der ewigen Kreisläufe erkennt, darf sich zum Kreis der Weisen zählen. Angesichts seiner Idee von der Einheit der Gegensätze kann man Heraklit als ersten dialektischen Denker bezeichnen.

„Das Auseinanderstrebende vereinigt sich, und aus dem Verschiedenen entsteht die schönste Harmonie." Ein Gedanke, der sich schließlich auf die kurze Formel bringen lässt: „Aus Allem wird Eins und aus Einem Alles."

Heraklit unterscheidet wie Thales von Milet zwischen der Welt der Erscheinungen und dem Wesen der Dinge, das nur durch den Gebrauch der Vernunft für den Menschen zugänglich wird: „Schlechte Zeugen sind Augen und Ohren für Menschen, wenn sie Barbarenseelen haben." Die bloße Wahrnehmung der Welt führt nicht zur Erkenntnis der Wahrheit: „Die Natur liebt es, sich zu verbergen." Zum Prüfstein für die Wahrheit wird die Vernunft, zu deren Gebrauch jeder Mensch fä-

! Dialektik

Mit dem Begriff „Dialektik" wird in der griechischen Philosophie zunächst allgemein die Kunst der logischen Beweisführung bezeichnet. Heraklit gilt mit seiner Lehre von der Einheit der Gegensätze als ihr Begründer. Für Platon ist die Dialektik die oberste Wissenschaft; das maßgebliche Verfahren, um zur Erkenntnis der Wahrheit zu gelangen. Im Mittelalter wird dann der Begriff „Dialektik" gleichbedeutend mit dem der allgemeinen Logik verwendet. Immanuel Kant (1724–1804) sieht in der Dialektik eine Scheinwissenschaft, da sie nur auf den Regeln der Vernunft, nicht jedoch auf der menschlichen Erfahrung basiert. Für Hegel ist die Dialektik dagegen die einzige Wissenschaft, welche in der Lage ist, die dialektische Bewegung der Wirklichkeit nachzuvollziehen. Der auf Hegel aufbauende Marxismus sieht in der Dialektik die Garantie des Fortschritts in Richtung auf einen allgemeinen Heilszustand des Menschen, der mit der klassenlosen Gesellschaft verwirklicht wird.

hig ist: „Alle Menschen haben die Fähigkeit, sich selbst zu erkennen und vernünftig zu denken." In der späteren Philosophiegeschichte zeigt sich der Einfluss von Heraklits Gedanke von der Einheit der Gegensätze vor allem bei Georg Wilhelm Friedrich Hegel (1770–1831) sowie in der marxistischen Lehre.

Demokrit
Der Vater der Atomlehre

Über das Leben des geistigen Vaters der Atomlehre ist kaum etwas bekannt. Vermutlich entstammt Demokrit einer wohlhabenden Händlerfamilie und verfügt über ein Vermögen, das es ihm erlaubt, ausgedehnte Reisen nach Ägypten und Persien zu unternehmen. Demokrit sagt von sich selbst: „Ich aber bin von meinen Zeitgenossen am weitesten auf der Erde herumgekommen, wobei ich am weitestgehenden forschte, und habe die meisten Himmelsstriche und Länder gesehen und die meisten gelehrten Männer gehört [...]"

Demokrit

! Lebensdaten

460 v. Chr. Geburt in Abdera
370 v. Chr. Tod in Abdera

Demokrit wird in seiner Heimat Schüler des vermutlich aus Milet stammenden Leukipp, dem eigentlichen Begründer der Atomlehre. Die Anteile Demokrits und Leukipps an der Begründung der Atomlehre lassen sich aus heutiger Sicht nicht mehr eindeutig bestimmen. Bekanntheit gewinnt diese jedoch erst durch Demokrits Wirken.

Demokrits Lehre ist hauptsächlich gekennzeichnet durch einen konsequenten Materialismus. Die Welt besteht aus dem Seiendem und dem Nicht-Seiendem, dem leeren Raum. Das Seiende besteht aus unzähligen aufgrund ihrer winzigen Größe nicht wahrnehmbaren Atomen.

Diese sind nicht teilbar und werden folglich als „Atome", was so viel wie unteilbare Einheiten bedeutet, bezeichnet. Atome sind unveränderlich und unvergänglich. Alle zusammengesetzten Körper entstehen durch die Kombination von Atomen. Die Vergänglichkeit von zusammengesetzten Körpern hat ihre Ursache im Auseinanderfallen bis dahin verbundener Atome.

Während die Atome objektive bzw. primäre Eigenschaften wie beispielsweise eine einheitliche Größe und ein einheitliches Gewicht besitzen, sind die sekundären Eigenschaften wie die Farbe, Wärme oder der Geruch eines Objekts der Wahrnehmung lediglich Produkte des subjektiven menschlichen Geistes.

„Der gebräuchlichen Redeweise nach gibt es Farbe, Süßes, Bitteres, in Wahrheit aber nur Atome und Leeres."

Nach dem Gesetz der Schwere bewegen sich die Atome im unendlichen Raum. Beim Aufeinandertreffen von Atomen entstehen Wirbel, die zum Zusammenschluss einzelner Atome zu komplexen Körpern führen.

Ein ordnender Geist in Form einer göttlichen Wesenheit ist bei diesem Prozess nicht erforderlich. Auch die menschliche Seele besteht laut Demokrit lediglich aus Atomen, die sich nach seinem Tod im unendlichen Raum zerstreuen.

In seiner Ethik erhebt Demokrit die innere Zufriedenheit zum höchsten für den Menschen anzustrebenden Ideal. „Der Geist soll sich gewöhnen, seine Freuden aus sich selbst zu schöpfen." Demokrit unternimmt jedoch keinen Versuch, seine bahnbrechende Atomlehre mit seinen ethischen Ansichten innerhalb eines geschlossenen philosophischen Systems miteinander zu verknüpfen und wird deshalb den so genannten Naturphilosophen zugerechnet.

Sokrates

„Ich weiß, dass ich nichts weiß"

! Lebensdaten

470 v. Chr. Geburt in Athen
399 v. Chr. Tod in Athen

Sokrates

Der bekannteste von Sokrates überlieferte Ausspruch lautet: „Ich weiß, dass ich nichts weiß." Dennoch gilt er als einer der wichtigsten Philosophen aller Zeiten. Unter der Anklage, „neue Götter eingeführt" und die Jugend sittlich gefährdet zu haben, wird Sokrates in seiner Vaterstadt Athen zum Tode verurteilt. Über Sokrates Leben ist ansonsten nicht viel bekannt. Platon lässt ihn in seinen Dialogen zwar als Hauptfigur auftreten, doch er legt ihm überwiegend seine eigenen Ideen in den Mund. Sokrates hinterlässt kein schriftliches Werk, sondern übt seine Wirkung durch Gespräche aus, die er mit den Bürgern Athens führt.

Die sokratische Methode besteht darin, die Menschen durch geschicktes Fragen zu eigenen philosophischen Gedanken anzuregen. Sokrates ständiges Umherwandern auf den Straßen Athens führt dazu, dass er seine Ehefrau Xanthippe und seine Familie sträflich vernachlässigt.

Lieber führt er stundenlange philosophische Gespräche mit wildfremden Leuten. Sokrates wird ständig von einer Schar von Schülern umschwärmt, während er über die Straßen Athens läuft und mit Angehörigen aller Volksschichten seine Unterhaltungen führt, die stets mit zunächst relativ harmlosen Fragen beginnen, um dann bald auf eine tiefere philosophische Ebene zu gelangen. Typische Fragen, die Sokrates den Leuten stellt, sind: Was ist Tugend? Was ist die beste Verfassung? Was ist Wahrheit?

Xenophon

Der schriftstellernde Feldherr Xenophon (430–355 v. Chr.) schreibt über Sokrates' methodisches philosophisches Fragen: „Er selbst aber hätte sich gerne immerfort über die menschlichen Dinge unterhalten, indem er untersuchte, was fromm, was gottlos, was schön, was schimpflich, was gerecht, was ungerecht sei, worin die Besonnenheit und Tollheit, die Tapferkeit und die Feigheit bestehe, wie ein Staat und Staatsmann, eine Regierung und ein Regent sein müsse, und anderes derart, was nach seiner Überzeugung jeden, der es weiß, zu einem guten und edlen Menschen macht."

Sokrates treibt seine Gesprächspartner immer weiter in die Enge, bis diese ihr Nichtwissen eingestehen müssen. Dies ist genau das Ergebnis, das Sokrates mit seinem philosophischen Fragespiel erzielen möchte. Er sieht sich selbst in der Rolle einer Hebamme, dem Beruf seiner Mutter, die anderen zur Geburt ihrer Ideen verhilft.

Reste des Apollotempels in Delphi

Als Ausgangspunkt für seine Philosophie dient Sokrates die im Apollotempel in Delphi zu findende Inschrift „Erkenne dich selbst". Er unterscheidet zwischen Wissen von etwas und allgemeinem Wissen. Während ein Tischler Wissen darüber besitzt, wie ein Tisch zu konstruieren ist, besitzt ein wirklich Wissender das Wissen über die wahren Erfordernisse des Menschen. Sokrates geht es bei seiner Philosophie letztlich darum, die Menschen auf den Pfad der Tugend zu bringen.

Als er vom Gericht wegen seiner permanenten anstößigen Fragerei angeklagt wird, versucht er nicht, sich zu verteidigen, sondern reizt die Richter sogar noch mehr, indem er behauptet, was er tue, geschehe im Auftrag des Gottes Apollon.

„Ich glaube, dass euch in eurer Stadt kein größeres Gut zuteil geworden ist als mein Dienst an dem Gotte. Denn was ich tue, ist nichts anderes, als dass ich umhergehe und die Jüngeren wie die Älteren unter euch ermahne, sich weder um den Leib noch um Geld eher zu sorgen als um die Seele, dass sie nämlich so gut wie möglich werde [...] Wenn ihr mich tötet, werdet ihr nicht leicht einen andern von dieser Art finden, der – mag es auch lächerlich klingen – geradezu der Staat von dem Gotte beigegeben ist, wie einem großen und edlen Ross, das aber eben seiner Größe wegen eher träge ist und zu seiner Aufmunterung des Sporns bedarf. So scheint mir, hat mich der Gott der Stadt beigegeben, als einen, der nicht aufhört, jeden einzelnen unter euch aufzuwecken, zu überreden und zu schelten."

Nachdem Sokrates den Richtern vorschlägt, man solle ihn nicht bestrafen, sondern im Gegenteil durch eine Speisung im Rathaus, die höchsten Bürgerehren für seine Verdienste um das Wohl der Stadt erweisen, ist für das Gericht endgültig das Maß voll. Sokrates wird zum Tode verurteilt. Vor der Vollstreckung des Urteils hat So-

krates noch die Möglichkeit zu fliehen. Dies raten ihm all seine Freunde. Doch er lehnt ab. Er sagt, dass es nicht recht sei, ein Leben lang von den Wohltaten des Staates zu profitieren, um dann, wenn es zu einer unangenehmen Situation kommt, die Gesetze zu brechen.
Obwohl Sokrates sich ständig als einen Nichtwissenden bezeichnet, glaubt er an etwas. Er ist der festen Überzeugung, dass die Tugend das höchste Gut ist. Er folgt in mancherlei Hinsicht den Propheten des Alten Testaments und wird angesichts seines märtyrerhaften Todes auch oft mit Jesus verglichen. Es gelingt Sokrates jedoch nicht, das Wesen wahrhaft sittlichen Handelns in einer systematischen Form darzustellen.

Apollo, Bronzekopf 6. Jh. v. Chr.

Er veranschaulicht tugendhaftes Handeln z. B. durch die Benutzung von zweckmäßigen Werkzeugen. Auf diese Weise erweckt er den Eindruck, als ob sittliches Handeln in erster Linie aus Nützlichkeitserwägungen heraus geschehe.
In Wirklichkeit hat Sokrates dies jedoch gar nicht so gemeint. Nach Sokrates Überzeugung ist jede Tugend Wissen. Wo kein Wissen ist, da kann es auch keine Tugend geben. Der Mensch, der das Gute erkennt, wird seiner Meinung nach unbedingt gut sein. Im politischen Bereich betrachtet Sokrates sämtliche Herrschaftsformen vorwiegend unter dem Aspekt, ob sie gerecht sind. Seiner Überzeugung nach muss ein Staat auf Gerechtigkeit gegründet sein. Das demokratische Wahlsystem lehnt er ab, da er meint, dass es nicht dazu führt, dass die besten Menschen an die Macht gelangen.
Noch bis zu den letzten Momenten seines Lebens, bis die tödliche Wirkung des mit Gift gefüllten Schierlingsbechers einsetzt, behelligt Sokrates die Menschen in seiner Umgebung mit seinen Fragen, damit diese sich über ihr Handeln bewusst werden. Sokrates stellt zeitlebens mehr Fragen, als Antworten zu geben.
Ähnlich wie Platon ist für ihn die wahrgenommene Welt eine ungewisse Welt der Erscheinungen.

Sokrates trinkt den Schierlingsbecher (Manuskript, 15. Jh.)

Die klassische sokratische Methode ist das permanente Infragestellen aller vermeintlichen Gewissheiten. Eine Methode, die bis auf den heutigen Tag das Wesen der gesamten Philosophie maßgeblich bestimmt.

Nur im Bereich der sokratischen Ethik existiert so etwas wie eine Gewissheit des Herzens. Das Werk Sokrates' ist durch diesen Zwiespalt geprägt.

Einerseits ist Sokrates ein hochgradig religiöser Mensch, für den die Pflichten gegenüber den Göttern zu den wichtigsten Pflichten des Menschen zählen. Andererseits zweifelt er alles an.

Er sucht Rettung in dem Standpunkt, dass Menschen, die über die wahre Tugend belehrt werden, gar nicht mehr anders können als tugendhaft zu handeln. Die Verbindung von Wissen und Tugend ist eine der wesentlichen Neuerungen und zugleich die Achillesferse der Philosophie Sokrates'.

Verwirklicht hat sich die untrennbare Verbindung, die Sokrates zwischen Wissen und Tugend annimmt, nur in seiner eigenen einzigartig in sich selbst ruhenden Persönlichkeit, die vermutlich letztlich mehr dazu beigetragen hat, dass sein Wirken eine derartig bedeutsame historische Wirkung gehabt hat, als sämtliche von ihm vermittelten Lehrsätze.

! Maieutik

Die auf hartnäckigem Fragen beruhende Erkenntnismethode des Sokrates wird als *Maieutik*, was so viel wie „Hebammenkunst" bedeutet, bezeichnet. Das Ziel dieser Art des Philosophierens besteht nicht darin, zu gesicherten eindeutigen Wahrheiten zu gelangen, sondern dem jeweiligen Gesprächspartner vielmehr die Augen über sein Nichtwissen zu öffnen.

Sokrates stirbt einen heldenhaften Märtyrertod. Sein Leben findet somit ein tragisches Ende. Im Werk Platons feiert sein Geist jedoch eine Wiederauferstehung und sein philosophisches Denken wird von Platon in systematischer Form weiterentwickelt.

Platon
Die Vision vom idealen Staat

? Schon gewusst?

Die von Aristoteles begründete Ethik sucht als praktische Philosophie eine Antwort auf die Frage: Was sollen wir tun? Kant beantwortet diese Frage mit dem so genannten kategorischen Imperativ. Die Wertvorstellungen des Menschen sind einem gewissen Wandel unterworfen. Was vor einem Jahrhundert als gute Sitte galt, kann in der heutigen Zeit als sittenwidrig gelten. Je nach ihrer Begründung wird zwischen einer heteronomen (fremdgesetzlichen) und einer autonomen (eigengesetzlichen) Ethik unterschieden. Ethische Werte können heteronom z. B. durch Gott oder autonom vom Menschen selbst begründet werden.

Platon entstammt einer der vornehmsten Familien der Stadt Athen.

Bis zur Begegnung mit Sokrates verfasst er Gedichte und Tragödien, um sich anschließend unter dem Einfluss seines Lehrmeisters ganz der Philosophie zu widmen. Platon ist 20 Jahre alt, als Sokrates ihm begegnet. Acht Jahre lang bleibt er sein aufmerksamer Schüler. Nach dem erschütternden Eindruck, den die Hinrichtung seines Lehrmeisters bei ihm hinterlässt, gelangt Platon auf längeren Reisen vermutlich bis nach Ägypten. In Süditalien lernt er die Pythagoreer kennen, die sein Denken beeinflussen.

! Lebensdaten

427 v. Chr. Geburt in Athen
399 v. Chr. Sokrates' Tod
387 v. Chr. Platon gründet in Athen seine Philosophenschule – die Akademie
399–347 v. Chr. Platon verfasst über 20 philosophische Dialoge
347 v. Chr. Tod in Athen

Büste Platons

In seinen letzten Lebensjahren versucht er zweimal vergeblich in Syrakus, wo er sich auf Einladung des Königs Dionysios II. (397–337 v. Chr.) aufhält, seine Staatstheorie in die Wirklichkeit umzusetzen.

Das Leben und der Tod seines Lehrmeisters Sokrates üben den größten Einfluss auf das Denken Platons aus. In seinen Dialogen lässt Platon Sokrates ausführlich zu Wort kommen. Die von Platon als Sokrates bezeichnete Figur unterscheidet sich jedoch aller Wahrscheinlichkeit nach erheblich von der historischen Person Sokrates. Platon macht ihn zum Sprachrohr für seine eigenen Ideen. Den Hauptantrieb für das philosophische Denken Platons bildet das Bestreben, die griechische *Polis* vor dem drohenden Verfall zu retten.

Es ist somit kein Zufall, dass sein Hauptwerk den Titel *Der Staat* trägt. Es fasst seine gesamte Philosophie im Rahmen der Theorie eines idealen Staates zusammen.

Platon ist sich der Gefahr bewusst, die von den immer stärker zur Geltung kommenden demokratischen Ideen ausgeht, und setzt diesen das ideale Bild einer aristokratischen Gesellschaft entgegen. In der platonischen Akademie sollen die „Besten der Besten“ auf ihre politischen Aufgaben im Rahmen eines langen und strengen Erziehungsprozesses vorbereitet werden. Die Philosophie Platons ist nicht streng sys-

Die Schule von Athen *(Gemälde von Raffael, 1510/11): Im Zentrum stehen Platon (links) und Aristoteles (rechts)*

tematisch, sondern in Form von meisterhaft verfassten Dialogen festgehalten. Durch die Auseinandersetzung mit den Ideen Sokrates' und der aufklärerischen Sophisten gelangt Platon zu dem Schluss, dass die Sophisten die geistige Grundlage für den Verfall der *Polis* legen, indem sie die Möglichkeit einer objektiven Wahrheit grundsätzlich leugnen. Sie stellen damit auch sämtliche sittlichen Werte infrage, ohne selbst eine neue Form von verbindlicher Ethik anzubieten.

In seinen Dialogen spielt zwar der Mythos eine große Rolle, doch Platon sieht sich selbst ebenfalls dem Geist der Aufklärung verpflichtet, da er nicht dem Mythos, sondern nur der Vernunft die Fähigkeit zur Erkenntnis der Wahrheit zugesteht.

Er unterscheidet streng zwischen dem „Logos", der Vernunft, die das wahre Sein zu denken vermag, und der sinnlichen Wahrnehmung, die stets nur ein trügerisches Abbild der Wirklichkeit zu liefern vermag.

Das Höhlengleichnis

In seinem berühmten Höhlengleichnis zeigt Platon, wie Menschen, in einer Höhle gefesselt, auf eine Felswand blicken, während hinter ihnen ein Feuer brennt. Die Menschen nehmen die Dinge, die zwischen ihnen und dem Licht des Feuers vorüberziehen nur als Schatten wahr, die jedoch von ihnen für die Wirklichkeit gehalten werden. Die Wahrheit können sie jedoch erst erkennen, wenn sie ihre Fesseln abwerfen und sich dem Licht zuwenden.

Eines Tages gelingt es einem der Gefangenen, sich von seinen Fesseln zu befreien. Er blickt ins Feuer und ist zunächst vollkommen durch die Flammen geblendet. Er findet den Ausweg aus der Höhle und erblickt erstmals das Tageslicht. Er beginnt zu verstehen, dass er in seinem früheren Leben nur einen Bruchteil der Realität wahrgenommen hat.

Der Mensch nimmt nach Ansicht Platons nur den Schein der Dinge wahr, nicht aber ihr wirkliches Wesen. Die Welt des wahren Seins ist die Welt der Ideen. Der Zugang zu dieser Welt öffnet sich, wenn der Mensch sich daran erinnert, was seine Seele schon einmal gesehen hat: „Wir nehmen eine Idee an, wo wir eine Reihe von Einzeldingen mit demselben Namen bezeichnen."

Die einzelnen Dinge sind vergänglich, die Ideen existieren dagegen als unvergängliche Urbilder weiter. Nur die Philosophen sind laut Platon in der Lage, aus der Höhle hinauszutreten und somit echtes Wissen zu erlangen. Nur sie haben Zugang zur unvergänglichen Welt der Ideen. Im Anschluss an die Ideenlehre stellt sich die Frage, wie die Welt der Schatten, welche die sichtbare Natur ist, überhaupt zu Stande kommt. Neben der Welt der Ideen existiert für ihn noch eine weitere, die materielle Welt. Die platonische Philosophie kann in diesem Sinne als dualistisch bezeichnet werden. Die Welt der Ideen und die Welt der stofflichen Erscheinungen existieren nebeneinander, wobei es Platon nicht gelingt, die Kluft zwischen den beiden Welten zu überbrücken.

Die oberste Position in der Welt der Ideen nimmt die Idee des höchsten Guten ein. Ihr sind alle anderen Ideen untergeordnet. Durch seine unsterbliche Seele hat der Mensch Anteil an der Welt der Ideen, während der Körper und die Sinnlichkeit die Fesseln sind, die den Menschen daran hindern, sich durch die Erhebung in die übersinnliche Welt in den Besitz des höchsten Guten zu bringen. Tugend ist der Zustand der Seele, die versucht, diesem Ziel nahezukommen.

Wie bei Sokrates ist Tugend nur dann echte Tugend, wenn sie auf Einsicht begründet ist. Sie beinhaltet bei Platon die vier Haupteigenschaften Weisheit, Tapferkeit, Besonnenheit und Gerechtigkeit.

Während Platon in seinen frühen Dialogen auf den ethischen Prinzipien Sokrates' aufbaut, ändert er seine Ansichten in seinen späteren Werken *Phaidros*, *Symposion* und *Der Staat*. Die Basis des sittlichen Verhaltens des Individuums bildet das in Platons utopischem Staat verwirklichte Gerechtigkeitsideal.

Platon und andere Philosophen (Miniatur aus einem Werk von Aurelius Augustinus)

Der Staat – Utopie einer idealen Gesellschaft

Platons utopisches Werk *Der Staat* besteht aus zwei Büchern. Im ersten Buch bildet den Erzählrahmen ein Gespräch zwischen Sokrates und einigen seiner Freunde. Im zweiten Buch, das ebenfalls in Dialogform abgefasst ist, liegt der Schwerpunkt auf den Reden Sokrates', wobei die Zuhörer einfach nur noch seinen Äußerungen zustimmen.

Der Staat ist ein nach menschlichen Bedürfnissen geschaffenes Gebilde. Er besteht aus Kasten von Handwerkern, Bauern, Kriegern und Regenten, die in einer Wechselbeziehung zueinander stehen. Gerechtigkeit herrscht dann im Staat, wenn die verschiedenen Kasten sich in einem harmonischen Verhältnis zueinander befinden.

Der gerechte Staat

Dies ist jedoch nicht immer möglich. Platon behandelt deshalb im *Staat* positive und negative Regierungsformen. Auf der Ungerechtigkeit basieren die von dem Drang nach militärischer Ehre beherrschte Timokratie, die durch die Herrschaft der Reichen gekennzeichnete Oligarchie, die vom ganzen Volk beherrschte Demokratie und die von einem absoluten Machthaber beherrschte Tyrannis. Für gerechte Staatsformen hält Platon die Republik und die aristokratische Monarchie. Über die Gefahren einer demokratischen Verfassung für ein Staatswesen sagt Platon: „Wie sieht der Mensch aus, der dieser Verfassung entspricht? Müssen nicht Zügellosigkeit und allgemeine Auflösung um sich greifen? Wie soll man die Jugend erziehen, wenn nicht alle gleich und alle gleich frei sind?"

Angesichts der aristokratischen Herkunft Platons erscheint es nahe liegend, dass er ein aristokratisches Staatsideal befürwortet. Zugleich ist er jedoch durchaus kein absoluter Gegner demokratischer Ideen. In Platons Staat gibt es keine vererbbaren Privilegien. Jeder soll die gleiche Möglichkeit besitzen, zu den höchsten Positionen aufsteigen zu können. Mit seinem idealen Staat begründet Platon das utopische Denken. Eine Utopie ist ein Ort, an dem noch niemand war, in einer Welt, die noch nicht existiert. Der ersten Utopie Platons werden im weiteren Verlauf der Geschichte noch viele weitere Entwürfe von idealen Gesellschaften folgen. Während jede Utopie von reinem Wunschdenken ausgeht, ist diejenige Denkform, die sich später aus dieser entwickelt, die Ideologie. Ideologische Gesellschaftsentwürfe sind stets auf eine konkrete geschichtliche Zukunft bezogen und beanspruchen, den „einzig wahren Weg" aufzeigen zu können.

Eine zentrale Rolle nehmen in Platons Werk die Wächter als Beschützer des Staates ein. Die Wächter müssen einerseits gute Soldaten und andererseits auch philosophisch gebildet sein. Die Wächter sind in zwei Klassen unterteilt: die Herrscher und die Helfer. Die Herrscher besitzen die politische Macht, während die Helfer die Verteidigung des Staates gegen äußere Bedrohungen übernehmen. Um geeignete Kandidaten für die Klasse der Herrscher zu finden, sollen potenzielle Herrscher im Verlauf ihrer Erziehung verschiedenen Prüfungen unterzogen werden. Nur diejenigen, die ihre eigenen Interessen völlig zu Gunsten der Allgemeinheit zurückstellen, sollen würdig sein, in die Klasse der Herrschenden aufgenommen zu werden.

Keinem Herrscher ist der Besitz von Privateigentum gestattet. Ihre Kinder sollen einen staatlichen Kindergarten besuchen, ohne dass sie ihre Eltern kennen. Auf diese Weise will Platon die Treue der heranwachsenden Kinder zum Staat fördern. Platon schlägt auch eine sehr strenge Geburtenkontrolle vor. Nur auserwählte Paare dürfen zusammenkommen, um zu gewährleisten, dass nur starke und mutige Kinder gezeugt werden.

Eros

Die Welt der Ideen kann nur von einem Menschen erkannt werden, der über einen philosophischen Trieb verfügt. Dieser wird von Platon als „Eros" bezeichnet. Ursprünglich ist mit dem Begriff der Zeugungstrieb gemeint. Durch Platon gewinnt er eine neue, auf geistiger Ebene angesie-

! Utopie

Platon ist mit seinem Werk *Der Staat* der Begründer des utopischen Denkens. Der Begriff „Utopie" ist abgeleitet von dem griechischen Wort *ou-topos*, das „Nirgend-Land" bedeutet. Erstmalig verwendet wird er von Thomas More (1477–1535) als Titel seines gleichnamigen Werkes *Utopia* von 1516. Mores utopischer Idealstaat befindet sich auf einer fernen Insel. Kennzeichen seines idealen Staatsgebildes sind eine an Platons *Staat* erinnernde Eigentumslosigkeit des Einzelnen zu Gunsten des Staates, religiöse Toleranz und eine priesterliche Erziehung der Jugend. Für More hat seine Zukunftsvision ziemlich verhängnisvolle Folgen. Da Heinrich VIII. (1491–1547) als absoluter Herrscher eine Gesellschaft von Gleichen nicht akzeptieren kann, lässt er More zur Strafe für sein Werk enthaupten. Im Gegensatz zur prinzipiell optimistisch ausgerichteten Utopie stehen negative Zukunftsvisionen wie z. B. George Orwells (1903–50) pessimistischer Zukunftsroman *1984*.

Anonymes Gemälde von Heinrich VIII. (ca. 1542)

delte Bedeutung. Bei Platon ist Eros der Trieb, der den Menschen dazu bewegt, von der Stufe des Sinnlichen zur Stufe des Geistigen emporzusteigen.
Auch die Beschäftigung mit Musik, Philosophie und Mathematik nährt den Trieb des Eros. Der in diesem Zusammenhang häufig verwendete Begriff der platonischen Liebe beruht im Grunde jedoch auf einem Irrtum. Platon selbst hat nicht für eine rein geistige Liebe zwischen Mann und Frau plädiert, sondern lediglich davon gesprochen, dass es schlecht sei, wenn ein Mann mehr den Körper als die Seele einer Frau liebe. „Schlecht ist jener gemeine Liebhaber, der mehr den Leib als die Seele liebt."
Während einige von Platons Ideen, wie z. B. die Abschaffung der Familie fragwürdig erscheinen, gilt Platon trotzdem als einer der größten Philosophen aller Zeiten. Er legt die geistigen Grundlagen für die Philosophie des Idealismus, er begründet mit seinem Werk *Der Staat* zugleich das utopische Denken und er ist somit auch einer der ersten Konstruktivisten, indem er – meisterhaft dargestellt im Höhlengleichnis – die Auffassung vertritt, dass die wahrgenommene Wirklichkeit nur eine Konstruktion der Sinnesorgane ist, die nicht der tatsächlichen Realität entspricht. Die Wirklichkeit ist ein Konstrukt.

Der englische Philosoph Alfred Whitehead (1861–1947) meint bezüglich der Bedeutung von Platon für die Geschichte des philosophischen Denkens, dass alle spätere Philosophie lediglich eine Reihe von Fußnoten zum Werk Platons darstelle.

Der englische Philosoph Alfred Whitehead

Aristoteles
Meisterschüler und größter Gegner Platons

Aristoteles ist der berühmteste Schüler Platons und wird mit seinen philosophischen Schriften zu seinem größten Gegner. Er lebt in einer Zeit, in der sich die griechische Gesellschaft in einer schweren Krise befindet, die durch die Herrschaft Alexanders des Großen (356–323 v. Chr.) nur vorläufig gelöst wird.

Im Zeitalter Aristoteles' erlebt Griechenland seine letzte Blütezeit, bevor die Phase des endgültigen Niedergangs einsetzt. Aristoteles ist 20 Jahre lang, bis zu Platons Tod, dessen Schüler.
Nach dem Tod seines Lehrers lässt er sich in Assos und später in Mytilene nieder. Philipp von Makedonien ruft ihn 342 v. Chr. als Erzieher seines Sohnes Alexander an seinen Hof.
Nach der Thronbesteigung Alexanders kehrt Aristoteles nach Athen zurück und gründet dort 335 eine eigene philosophische Akademie, das Lykeion. Nach Alexanders Tod befindet sich Aristoteles in einer gefährlichen Situation, da er als Anhänger der makedonischen Partei gilt. Ähnlich wie Sokrates wird er der Gottlosigkeit angeklagt, doch im Gegensatz zu Sokrates verlässt er rechtzeitig vor der Vollstreckung des Urteils Athen und flieht auf die Insel Euböa, wo er 322 nach wenigen Monaten stirbt. Sein Schriftwerk ist äußerst umfangreich. Es enthält Schriften zur Logik, zur Naturwissenschaft, zur Metaphysik, zur Ethik, zur Politik sowie zur Literatur und Rhetorik.

Aristoteles

Politik

Das ideale Staatswesen erblickt Aristoteles, ähnlich wie Platon, innerhalb der überschaubaren Grenzen des gemäßigt demokratischen griechischen Stadtstaates. Im Gegensatz zu Platon, bei dem die Kinder ihre Eltern nicht kennen sollen, um die Staatstreue zu fördern, misst er der Ehe und der Familie einen hohen Wert bei. Er zeigt, dass diese Institutionen nicht dem Staat geopfert werden dürfen. Anders als Platon sieht er den Staat auch nicht als ein einheitliches Wesen an, sondern als ein aus zahlreichen untergeordneten Gemeinschaften gebildetes Ganzes.
Die Familie steht folglich nicht in einem Konkurrenzverhältnis, vielmehr ist sie eine Keimzelle des Staates. Während Platon den Staat von der Arbeitsteilung ableitet, geht Aristoteles davon aus,

dass der Mensch von Natur aus ein *zoon politikon*, ein Gemeinschaftswesen, ist.
In seinem Bild von einem idealen Staat soll laut Aristoteles ein Teil des Bodens Gemeineigentum und der andere Teil Privateigentum der freien Stadtbürger sein. In den guten Staatsformen des Königtums, der Aristokratie und der gemäßigten Demokratie regieren die Herrschenden im Interesse der Gesamtheit der freien Stadtbürger. Bei den schlechten Regierungsformen Tyrannis, Oligarchie und radikaler Demokratie kommen dagegen seiner Ansicht nach nur die Interessen der Herrschenden zur Geltung.
Infolge der Vermehrung der Staatsbürger verändern sich auch die Staatsformen. Sie gehen zunächst vom Königtum aus und gelangen dann zur Demokratie als ihrem Endpunkt.

Die vier Gründe des Seienden

Für die gesamte abendländische Philosophie grundlegend geblieben ist Aristoteles' Lehre von den vier Gründen des Seienden. In

! Idealismus

Im allgemeinen Sprachgebrauch bedeutet Idealismus eine durch echte Ideale und ihre praktische Befolgung bestimmte Lebensweise. Im philosophischen Sinne meint Idealismus die Auffassung, dass die Wirklichkeit und auch die Materie als Erscheinungsformen des Geistes betrachtet werden. Im Gegensatz dazu steht der Materialismus, demzufolge alle geistigen und stofflichen Vorgänge eine materielle Grundlage haben. Im weiteren Verlauf der Philosophiegeschichte bildet sich aus dem von Platon begründeten Idealismus der etwas differenzierter argumentierende erkenntnistheoretische Idealismus heraus. Philosophen wie George Berkeley (1685–1735), Gottfried Wilhelm Leibniz (1646–1716) und Arthur Schopenhauer (1788–1860) vertreten die Auffassung, dass die Dinge nur als Komplexe von Vorstellungen existieren. In eine ähnliche Richtung geht auch Kant, demzufolge niemals „das Ding an sich“, sondern eigentlich nur die Dinge als Erscheinungen erfassbar sind.

George Berkeley

Alexander der Große

der scholastischen Philosophie des Mittelalters, welche die Einheit von Glauben und Wissen anstrebt, werden für diese die folgenden lateinischen Bezeichnungen verwendet. Erstens die *causa materialis*, die Welt des Stofflichen; zweitens die *causa formalis*, die Welt der Formen; drittens die *causa efficiens*, die Wirkungsursache und viertens die *causa finalis*, der Zweck einer Sache.

Formen und Stoffe stehen in Wechselwirkung zueinander. Sie befinden sich in einer ewigen Bewegung, die einstmals von einem Beweger angestoßen worden sein muss, der selbst nicht bewegt ist. Dabei kann es sich laut Aristoteles nur um eine reine Form ohne Stoff handeln.

Ethik

Ähnlich wie Sokrates geht es Aristoteles bei seiner Philosophie um die Vermittlung von Tugenden. Doch im Gegensatz zu Sokrates meint er, dass es nicht ausreicht, tugendhaftes Wissen zu besitzen, um Gutes zu tun. Der Mensch kann und muss seiner Meinung nach zum tugendhaften Handeln erzogen werden. Dies ist das zentrale Anliegen der von Aristoteles begründeten „Nikomachischen Ethik".

Glück ist bei Aristoteles nicht gleichzusetzen mit einem angenehmen Leben. Glück ist auch nicht Macht oder Erfolg, sondern sollte ein Zweck in sich selbst sein und sich selbst genügen. Glück entsteht aus einem tugendhaft geführten Leben, das zugleich im Einklang mit der Vernunft steht.

Der tugendhafte Mensch hat Freude an seinem tugendhaften Lebenswandel. Es besteht kein Konflikt zwischen seinen eigenen Interessen und dem, was er tun soll. Der Mensch ist in erster Linie ein Vernunftwesen. Die beste Ausbildung seines Wesens ist die Vollkommenheit, die er durch die Tugendhaftigkeit erlangt.

Entsprechend der doppelten Natur des Menschen unterscheidet Aristoteles zwischen den ethischen Tugenden, der Herrschaft der Vernunft über die Sinne, und den dianoethischen Tugenden zur Vervollkommnung der Vernunft selbst. Aristoteles beschäftigt sich zwar ausführlich mit praktischen Fragen zur Verwirklichung eines tugendhaft geführten Lebens, doch die wichtigste Tätigkeit ist für ihn die Selbstreflexion des Menschen – die Reflexion darüber, was man selbst weiß oder zu wissen glaubt. Allerdings sind nur die Götter dazu in der Lage, ihr Handeln auch ständig selbst zu reflektieren.

Logik

Aristoteles ist in einem wesentlich höheren Maße als Platon nicht nur Philosoph, sondern auch Naturwissenschaftler. Seine Akademie ist voll von naturwissenschaftlichen Ausstellungsstücken sowie Sammlungen von Steinen, Pflanzen und Knochen.
Er war Kosmologe, Astronom, Meteorologe, Geologe, Physiker, Biologe, Psychologe und nicht zuletzt der erste große Logiker. Für Aristoteles besteht der Sinn der menschlichen Existenz in der Verwirklichung des Logos.
Der Mensch muss seine Vernunft vervollkommnen. Mit der vom Logos abgeleiteten Logik hat Aristoteles eine eigene Wissenschaft begründet. Aristoteles selbst benutzt den Begriff jedoch nicht, sondern spricht stattdessen von Analytik.
Die Logik zeigt Wege und Methoden zum richtigen Denken auf. Das Kernstück der aristotelischen Logik ist die Lehre vom logischen Schluss. Das logische Denken vollzieht sich in Form des Ziehens von logischen Schlüssen. Als einen logischen Schluss bezeichnet Aristoteles „eine Rede, in der aus gewissen Voraussetzungen etwas Neues hervorgeht".
Ein Schluss besteht stets aus einer Voraussetzung – Prämisse – und einer Schlussfolgerung – Konklusion. Aristoteles veranschaulicht seine Lehre vom logischen Schluss anhand zahlreicher so genannter Syllogismen.
Diese bestehen stets aus einem allgemeinen Obersatz, einem speziellen Untersatz und der aus diesen Prämissen ableitbaren Konklusion.

Beispiel:
Obersatz: Alle Menschen sind sterblich.
Untersatz: Sokrates ist ein Mensch.
Konklusion: Sokrates ist sterblich.

Im Prinzip des Widerspruchs und des ausgeschlossenen Dritten sieht Aristoteles die fundamentalen Grundprinzipien des logischen Denkens. Das Prinzip des logischen Widerspruchs ist für ihn vor diesem Hintergrund zugleich ein universales Gesetz der vom Menschen mit allen seinen Sinnesorganen wahrnehmbaren Wirklichkeit.

Platon und Aristoteles

Im Gegensatz zum großen Pathos, das sein Lehrer Platon entfaltet, zeichnet sich das aristotelische Werk im Allgemeinen durch ein höheres Maß an Nüchternheit und Realismus aus.

Es zeugt zudem von einem stark ausgeprägten Sinn für historische Zusammenhänge, dass Aristoteles seine theoretischen Untersuchungen stets mit einer Darstellung der Geschichte der jeweiligen Fragestellung einleitet. Im Unterschied zu Platons Idealismus ist das aristotelische Denken stärker durch materialistische Ideen geprägt.

Doch der ehemalige Schüler Platons kann sich bei aller beabsichtigten Gegnerschaft zu seinem ehemaligen Lehrmeister nicht zu einem sämtliche Aspekte seiner Lehre umfassenden Materialismus durchringen.

Während Aristoteles als Naturwissenschaftler trotz der zahlreichen von ihm zusammengetragenen Daten aufgrund seiner oftmals fehlerhaften Deutungsversuche keine so hohe Bedeutung zukommt, legt er mit seiner Logik ohne Zweifel das Fundament für eine neue Wissenschaft.

Für eine lange Zeit gelten seine im Mittelalter auch ins Lateinische übersetzten Schriften als unfehlbar. Die von Aristoteles selbst verfassten Schriften sind nicht erhalten geblieben. Andronikos stellt um 30 v. Chr. ein Schriftenverzeichnis auf. Es enthält die Schriften zur Logik unter dem Titel *Organon* sowie die naturwissenschaftlichen Schriften.

? Schon gewusst?

Unter Metaphysik versteht man die philosophische Grundwissenschaft, in der alle philosophischen Teildisziplinen ihre Wurzel finden. Der Begriff, der so viel wie „hinter die Physik“ oder „über die Physik hinausgehend“ bedeutet, ist ursprünglich nur die Bezeichnung für einen Teil der Lehren des Aristoteles. Gegenstand der Metaphysik ist das „Seiende als solches“. Sie versucht, das Wesen der Dinge, das Bleibende und den Zusammenhang hinter dem Wechsel der Erscheinungen zu ergründen. Dabei steht sie nicht notwendigerweise im Gegensatz zur Physik, sondern weist über diese hinaus, indem sie sich mit Fragestellungen wie beispielsweise nach der Unsterblichkeit der Seele beschäftigt.

Auf das mittelalterliche philosophische Denken üben die Schriften Aristoteles' einen enormen Einfluss aus, während die von ihm geschaffenen Grundlagen der Logik bis auf den heutigen Tag in umunstrittener Form Gültigkeit besitzen.

Epikur
Leben nach dem Lustprinzip

„Ursprung und Wurzel alles Guten ist die Lust." Diese Überzeugung vertritt Epikur in seiner Philosophie, die den Weg zu einem ungetrübten Genuss am menschlichen Dasein aufzeigt.

Epikur

! Lebensdaten

341 v. Chr. Geburt in Samos
306 v. Chr. Gründung der „Gartenschule"
271 v. Chr. Tod in Athen

Epikur stammt ursprünglich aus Samos und praktiziert in Athen in seinem „Garten des Epikuros" eine sinnenfrohe Philosophie, die von den rechtschaffenen Bürgern Athens als unmoralisches Streben nach reinem Genuss mit großer Skepsis betrachtet wird.

! Hedonismus

Unter Hedonismus versteht man eine ethische Auffassung, die den Lustgewinn als das Ziel jeglichen sittlichen Handelns definiert. Ein Hedonist ist ein Genießer. Begründet wird die hedonistische Lehre von Aristippos aus Kyrene, der einen starken Einfluss auf das philosophische Denken Epikurs ausübt. Für den Hedonisten bedeutet Tugend in erster Linie Genussfähigkeit. Nur der Einsichtige versteht es allerdings, in angemessener Form zu genießen und nicht jeder Neigung blindlings zu folgen.

Das Streben nach Glück besteht für Epikur in der Gewinnung von Lust und der Vermeidung von Unlust. Mit seinen Schülern, zu denen auch Frauen und sogar Sklaven gehören, lebt Epikur in einem freundschaftlichen Verhältnis. In Epikurs Weltbild ist der Mensch für sein Glück selbst verantwortlich.

Die Götter tragen keine Verantwortung für die Missstände, die in der Welt zu finden sind. Die Götter dienen Epikur als Vorbild, da sie äußere und innere Ruhe besitzen. Vor dem Jenseits braucht

sich der Mensch nicht zu fürchten. Seine Seele zerfällt mit dem Körper. Alles, was der Körper will, ist: „Nicht frieren, nicht hungern, nicht dürsten.“
Alles, was die Seele will, ist: „Nicht Angst haben.“ Wenn der Epikureer sich von unwichtigen Bedürfnissen und der Angst vor dem Tod befreit hat, lebt er „wie ein Gott unter Menschen“.

Zenon von Kition

Zenon von Kition
Leben im Einklang mit der Natur

Auf der Suche nach Glück findet die von Zenon von Kition begründete Schule der Stoiker nicht das Lustprinzip, sondern das Ideal eines in Ruhe und Gelassenheit geführten naturgemäßen Lebens. Die stoische Philosophie gliedert sich in die drei Bereiche Logik, Physik und Ethik. Die Bedeutung dieser Aufteilung zeigen die Stoiker am Bild eines Obstgartens.
Den schützenden Mauern entspricht die Logik, der nach oben wachsende Baum ist die Physik und den Früchten des Gartens entspricht die Ethik. In der Logik fragen die Stoiker nach den Grundlagen der menschlichen Erkenntnis und sehen den Menschen bei seiner Geburt als unbeschriebene Tafel – „tabula rasa“.

! Lebensdaten

335 v. Chr. Geburt in Kition auf Zypern
300 v. Chr. Gründung der stoischen Schule
262 v. Chr. Tod in Kition

Die Wahrnehmung verändert den Zustand der Seele und prägt sich ihr, laut Zenon, wie Wachs ein. Die Erfassung eines Objekts der Wahrnehmung erfolgt durch seine naturgetreue Abbildung in der menschlichen Seele.
In der Physik wird unterschieden zwischen der passiven Materie und dem tätigen Logos, wobei ein zyklisches Weltbild vertreten wird. Die Welt ist aus einem Urfeuer hervorgegangen und wird auch wieder in diesem vergehen. Nach dem Untergang der Welt wird es zu einer erneuten Schöpfung kommen.

Mittelalter

Das Mittelalter ist geprägt durch die Einheit von christlicher und weltlicher Ordnung, die allerdings unterschwellig ständig infrage gestellt wird. Um seinen Führungsanspruch rechtfertigen zu können, fördert das Papsttum die Scholastik, die eine neue ideologische Basis für die geistige und weltliche Führungsrolle liefert, welche die Päpste gegenüber den weltlichen Herrschern beanspruchen. Die Scholastik markiert den Höhepunkt des mittelalterlichen philosophischen Denkens. Sie basiert auf der von Aristoteles begründeten Methode der philosophischen Spekulation. Die Scholastiker gehen von den fundamentalen Glaubenssätzen der katholischen Kirche aus und versuchen zu zeigen, dass die menschliche Vernunft nicht in Widerspruch, sondern in vollstem Einklang mit diesen steht.

Thomas von Aquin

Der religiöse Geist des Mittelalters

Das gesamte Mittelalter wird beherrscht vom religiösen Geist des Christentums. Als Mittelalter bezeichnet man für gewöhnlich die Zeit zwischen dem Ausgang der Antike, der durch das Ende des weströmischen Reiches (476) markiert wird, und dem Fall von Konstantinopel (1453) oder dem Beginn der Reformation (1517). Das Mittelalter ist durch eine hierarchische Weltordnung gekennzeichnet, die von Gott über Christus und Petrus zum Papst führt, wobei die weltliche der geistlichen Autorität unterstellt ist. Die weltlichen Herrscher sind jedoch nicht ohne weiteres bereit, den Führungsanspruch des Papsttums anzuerkennen.
Aus diesem Grund entbrennt von Karl dem Großen (747–814) bis Friedrich II. (1194–1250) und darüber hinaus ein erbittert geführter Kampf um die Macht.

Die Patristik

Die erste Periode der mittelalterlichen Philosophie wird als Patristik bezeichnet und fällt zeitlich noch mit der Antike zusammen. Der Zeitraum vom ca. 2. bis 7. Jh. n. Chr. ist durch die Bemühungen der Kirchenväter wie Aurelius

Augustinus (354–430) geprägt, die christliche Heilslehre gegen die Angriffe der Heiden zu schützen und durch den Rückgriff auf Ideen der antiken Philosophie weiter auszubauen und stärker zu festigen.

Nach der 529 erfolgten Schließung der platonischen Akademie durch Kaiser Justinian (482–565) tritt zunächst eine konservative Phase ein, in der die vorhandenen Ideen in den Klöstern zwar sorgsam gepflegt, jedoch nicht weiterentwickelt werden.

Kaiser Justinian I.

Ab dem 9. Jh. beginnt dann das Zeitalter der Scholastik, das ebenfalls durch einen Rückgriff auf das tradierte Wissen aus der Antike gekennzeichnet ist, zugleich jedoch in kritischer Auseinandersetzung mit den Ideen der antiken Denker auch zu neuen Perspektiven gelangt.

Der erste Gottesbeweis

Die herausragenden Köpfe der scholastischen Lehre legen verschiedene Varianten von Gottesbeweisen vor, welche die Existenz Gottes als eine mit den Mitteln der Logik erkennbare Tatsache darstellen.

Den Anfang macht Anselm von Canterbury (1033–1109) der damit argumentiert, dass schon die Definition Gottes seine Existenz beinhaltet.

Die Frühscholastik

Die scholastische Methode unterzieht die Fragen der Religion und der Philosophie einer rationalen Analyse. Probleme sollen nicht dogmatisch, sondern durch das rationale Abwägen von Pro und Contra gelöst werden.

In der vom 11.–12. Jh. andauernden Periode der Frühscholastik kommt es zum Ausbruch des Universalienstreits, der auch in den nachfolgenden Jahrhunderten weiter die Gemüter erregt.

Er dreht sich um die Frage, welche Daseinsweise den Allgemeinbegriffen, den so genannten Universalien, zukommt. Es entwickeln sich im Verlauf des Mittelalters zu diesem Problem drei grundsätzliche Positionen.

Die radikalen Begriffsrealisten meinen, dass den Allgemeinbegriffen eine von den Einzeldingen verschiedene objektive Wesen-

Averroes, der bedeutendste arabische Philosoph des Mittelalters (Ausschnitt aus einem Gemälde von Francesco Traini)

heit entspricht. Die Nominalisten wie u. a. Wilhelm von Ockham meinen dagegen, dass Allgemeinbegriffe nur in Form von Wörtern, nicht jedoch in Form einer objektiven Wesenheit existieren. Die gemäßigten Realisten wie z. B. Thomas von Aquin (1225–74) meinen schließlich im Sinne einer Kompromissformel, dass die Allgemeinbegriffe objektive Gültigkeit beanspruchen können, da in ihnen immerhin das Wesen der Dinge erfasst wird.

Das Verhältnis von Philosophie und Theologie

Der Kirchenvater Augustinus macht mit seinem einflussreichen Werk erstmals „die Philosophie zur Magd der Theologie".

Der erste Philosoph, der im modernen Sinn den Begriff „Theologie" verwendet, ist Peter Abaelard (1079–1142). Er meint, dass der Glaube lediglich eine Meinung ist, wenn er nicht von der Vernunft gestützt wird.

Der Einfluss der arabischen Philosophie

Für die Entwicklung der mittelalterlichen Philosophie ist der Einfluss arabischer Denker von großer Bedeutung.

Die arabische Wissenschaft ist, wie sich besonders augenfällig am hohen Niveau der Medizin zeigt, der abendländischen weit voraus. Im Gegensatz zum christlichen Abendland werden zudem im Zeitraum 800–1200 die Schriften der großen griechischen Philosophen bewahrt und ins Arabische übersetzt, um anschließend über das maurische Spanien auch in den Westen zu gelangen und ins Lateinische übersetzt zu werden. Einer der wichtigsten arabischen Philosophen ist Averroes (1126–98), der sein geistiges Vorbild Aristoteles zutiefst verehrt und es als seine wichtigste Aufgabe ansieht, mithilfe von umfangreichen Kommentaren ein möglichst systematisches Bild der aristotelischen Philosophie gewissenhaft herauszuarbeiten.

Die Schriften der arabischen Denker stoßen im Westen besonders bei den Franziskanern auf ein großes Interesse.

Häufig werden die in Europa kursierenden Schriften arabischer Philosophen von der Kirche jedoch auch als ketzerisch gebrandmarkt, da sie oftmals nicht mit den christlichen Dogmen vereinbar sind.

Wiederentdeckung der Schriften des Aristoteles

Gegen Ende des 12. Jh. zeichnet sich die Wende von der Früh- zur Hochscholastik ab.
Das bisher unbekannte Werk des Aristoteles liegt bis ca. 1210 sowohl in Form von arabischen als auch zahlreichen lateinischen Übersetzungen vor.
Bei der Interpretation des aristotelischen Werkes stehen sich die an der augustinischen Lehre orientierten Franziskaner und die Dominikaner gegenüber. Eine Reihe der Lehren des Aristoteles ist mit dem christlichen Dogma

Thomas von Aquin (Ausschnitt aus einem Gemälde von Francesco Traini)

nicht vereinbar. Dies führt dazu, dass – ähnlich wie zahlreiche Werke arabischer Philosophen – die Schriften des Aristoteles zeitweise von der Kirche verboten werden.

Versöhnung von Glauben und Wissen

Thomas von Aquin gelingt es schließlich, mit seinem Werk das Verhältnis zwischen Glauben und Wissen, geistiger und weltlicher Macht, in eindeutiger Form neu zu ordnen.
Er greift dabei auf die Schriften des Aristoteles zurück und unternimmt einen groß angelegten Versuch, die aristotelische mit der christlichen Lehre zu versöhnen. Thomas zeigt in seinem Werk, dass die weltliche Macht der kirchlichen definitiv untergeordnet ist. In ähnlicher Form hat sich die Philosophie in den folgenden Jahrhunderten unter dem Einfluss der thomasischen Lehre der Theologie unterzuordnen.

Mittelalterliche Mystik

Gemeinsam mit den übrigen Scholastikern vertritt Meister Eckhart (1260–1327) den Standpunkt, dass Gott grundsätzlich erkennbar ist, wobei es sich bei ihm jedoch um eine mystische Erkenntnis – das Vereinigungserlebnis der menschlichen Seele mit Gott – handelt. Das Werk Eckharts markiert somit den Endpunkt der das Mittelalter bestimmenden scholastischen Denkschule.

Spätscholastik

Im Verlauf des 14. Jh. kommt es, einhergehend mit den großen Fortschritten im Bereich der Naturwissenschaften, zu einer kritischen Überprüfung des scholastischen Gedankengutes.

! Glauben und Vernunft

Im Zentrum der mittelalterlichen Philosophie steht die Auseinandersetzung über das Verhältnis zwischen Glauben und Vernunft. Die kirchlichen Autoritäten wollen die Philosophie zu einer „Magd der Theologie" machen. Der Glaube soll mit den Mitteln der Vernunft begründet und gerechtfertigt werden. Beim Konflikt zwischen Glauben und Vernunft handelt es sich keineswegs um eine rein theoretische Debatte, sondern um einen erbittert geführten Machtkampf. Mit der Scholastik als Herrschaftsideologie erheben die Päpste mit Nachdruck den Anspruch, deutlich über den weltlichen Herrschern zu stehen.

Eine tragende Rolle spielt dabei das Werk Wilhelm von Ockhams, der einen neuen Weg *(via moderna)* im Gegensatz zum alten Weg *(via antiqua)* der Denkschulen der Hochscholastik beschreitet. Im Rahmen des Universalienstreits stellt er sich auf den Standpunkt, dass nur die einzelnen Dinge real sind, während allgemeine Begriffe lediglich nicht real existierende Abstraktionen darstellen.

Das Ende des Mittelalters

Am Ende des Mittelalters steht die Erkenntnis, dass der Versuch, die große Einheit zwischen Glauben und Vernunft herzustellen, gescheitert ist. Obgleich es dem Papsttum gelungen ist, aus der Auseinandersetzung mit dem Kaisertum als Sieger hervorzugehen, hat es seine ursprüngliche geistliche Autorität verloren.

Die Herrschaftspraktiken der Päpste haben sich im Verlauf des Konflikts zu sehr dem typischen, nach Macht strebenden Verhalten der weltlichen Herrscher angeglichen.

Das Papsttum hat somit am Ausgang des Mittelalters zwar einen Machtkampf gewonnen, zugleich jedoch empfindlich an Glaubwürdigkeit verloren.

Die geistliche Autorität, die ursprünglich ein Gegengewicht zum reinen Herrschaftsstreben der weltlichen Autorität darstellen sollte, hat ihre eigentliche Aufgabe im Laufe des Mittelalters aus den Augen verloren.

Augustinus
Vom Heiden zum christlichen Kirchenvater

Mit dem Werk des Augustinus beginnt die Philosophie, in den Dienst der Theologie einzutreten. Bevor Augustinus diese entscheidende Weichenstellung für das gesamte philosophische Denken des Mittelalters einleitet, ist er ein Karriereakademiker, der, aus der westafrikanischen Provinz Numidien stammend, zunächst in Karthago und später in Rom sowie schließlich an der kaiserlichen Residenz in Mailand tätig ist.

! Lebensdaten

354 Geburt in Tagaste, Numidien
413–26 Arbeit an *Der Gottesstaat*
430 Tod in Hippo Regius bei Karthago

Neun Jahre lang ist Augustinus vor seiner Bekehrung zum Christentum ein überzeugter Manichäer – eine Religionsgemeinschaft, die sich auf den persischen Propheten Mani (216–77) beruft und die Welt als ewigen Kampf der Kräfte von Gut und Böse ansieht. Unter dem Einfluss des Kirchenlehrers Ambrosius findet Augustinus einen rationalen Zugang zum Christentum.

Seine Bekehrung findet im Jahr 386 statt. Zu diesem Zeitpunkt, der einen radikalen Wendepunkt in seinem Leben darstellt, ist er 32 Jahre alt. Er gibt seine Tätigkeit als Rhetoriklehrer auf und wählt die christliche Lebensform des Zölibats.

Der Heilige Augustinus *aus dem* Kirchenväteraltar *von Michael Pacher*

Das Christentum hat sich im späten römischen Reich von einer kleinen Sekte zur einflussreichsten Religion entwickelt. Fünf Jahre nach Augustinus' Bekehrung wird es zur offiziellen Staatsreligion erklärt. Augustinus stirbt

430 während einer Belagerung der nordafrikanischen Stadt Hippo Regius durch die Vandalen.

Prädestination und Erbsünde

Augustinus verfasst während seiner Amtszeit als Bischof von Hippo Regius sein einflussreiches Werk *Bekenntnisse*. Es beginnt mit dem an Gott gerichteten berühmt gewordenen Satz: „Unruhig ist unser Herz, bis es ruhet in dir." Augustinus will dem christlichen Glauben durch ein neues Fundament Ruhe verschaffen, doch zugleich trägt er eine Art intellektuelle Unruhe in die Philosophie hinein, die bis in das Zeitalter der Postmoderne anhalten wird.

Im Mittelpunkt steht das Bekehrungserlebnis Augustinus', der zwei grundlegende theologische Lehren am Beispiel seines eigenen Lebensweges vertritt: die Prädestinations- oder Gnadenlehre und die Lehre von der Erbsünde. Der Wille Gottes ist vorherbestimmt. Wer in den Himmel und wer in die Hölle kommt, das ist von Gott prädestiniert.

Nur wenige Menschen gehören zu den Auserwählten und kein Mensch verdient es, in den Himmel zu kommen, da der Mensch von Natur aus böse ist. Er ist böse, da er zu Beginn seiner Geschichte die Erbschuld auf sich geladen hat. Er kann sich nicht aus eigener Kraft von ihr befreien, sondern er ist auf die Gnade Gottes angewiesen. In seiner Bekehrung sieht Augustinus einen schlagenden Beweis für die unermesslich große Gnade Gottes.

Der Gottesstaat

In seinem Werk *Der Gottesstaat*, das er zwischen 413–426 verfasst, wird die zielgerichtete Entwicklung der Weltgeschichte aus christlicher Sicht beschrieben. Zugleich enthält es die von Augustinus ebenfalls konzipierte christliche Staatslehre.

Den unmittelbaren Anlass zur Verfassung des Werkes liefert die Eroberung Roms durch die Westgoten im Jahre 410 sowie die damit verbundenen Vorwürfe nichtchristlicher Römer, die Christen seien Schuld an Roms Untergang. Augustinus deutet die Weltgeschichte als einen unaufhaltsam einem festen Ziel entgegenstrebenden Prozess. Das Endziel der

Szene aus Augustinus' Der Gottesstaat

weltgeschichtlichen Entwicklung ist der Gottesstaat. Ihm entgegen steht ein anderer Staat „das Reich der Welt“.

Die Weltgeschichte ist geprägt durch den Kampf zwischen den beiden Reichen, der letztlich auf einen Kampf zwischen Glauben und Unglauben, zwischen Gut und Böse hinausläuft.

Die Kirche stellt ein noch unvollkommenes Abbild des Gottesstaates dar und bereitet ihn auf Erden vor. Sie bildet das Fundament auf dem einst der Gottesstaat errichtet werden wird.

Die Institution der Kirche erhält in Augustinus' geschichtsphilosophischem Gedankengebäude eine einzigartige Stellung. Sie ist die nach Gottes Willen gegründete Gemeinschaft Christi. Außerhalb der Kirche kann es kein Heil geben. Indem Augustinus dem Heilsanspruch der Kirche eine philosophisch-historische Grundlage verleiht, wird aus dem ehemaligen Heiden der bedeutsamste Kirchenvater des Christentums.

Anselm von Canterbury

Der erste Gottesbeweis

Anselm von Canterbury gilt mit seinem Gottesbeweis als Begründer der Scholastik. Er tritt 1060 in das Benediktinerkloster Bec in der Normandie ein, wo er 1079 Abt wird. Von 1093 bis zu seinem Tod ist er Bischof von Canterbury, wobei er eine rege Publikationstätigkeit entfaltet. 475 Briefe und Texte bleiben der Nachwelt von ihm erhalten.

! Lebensdaten

1033 Geburt in Aosta, Piemont
1069 Eintritt in das Benediktinerkloster
1093 Erzbischhof von Canterbury
1109 Tod in Canterbury bei Karthago

Anselm fasst seine Überzeugung vom Verhältnis zwischen Glauben und Wissen in einem Satz zusammen, der von Augustinus stammt: *credo ut intelligam* – „Ich glaube, damit ich verstehe“.

Anselm strebt nach einer der Vernunft zugänglichen Begründung der Dogmen des Glaubens. Das Wissen steht allerdings nicht über dem Glauben, sondern es muss danach beurteilt werden, ob es in Übereinstimmung mit dem Glauben steht.

Aus diesem Gedankengang geht die von Petrus Damiani (1007–72) gebrauchte Formulierung „die Philosophie ist die Magd der Theologie“ hervor. Sie bleibt jedoch nur zeitweise auf diese Rolle beschränkt.

Für seinen Gottesbeweis verwendet Anselm die so genannte ontologische Methode, die darin besteht, dass aus dem Begriff einer Sache – in diesem Fall Gott – ihre Existenz hergeleitet wird. Gott ist, laut Anselm, das Größte, was überhaupt gedacht werden kann. Im menschlichen Geist existiert also eine Idee von Gott als des absolut Größten.
Wenn Gott im Verstand existiert, muss er auch in der Realität existieren. Wenn er nur im menschlichen Geist existieren würde, wäre er schließlich nicht das denkbar Größte.
Die etwas bemüht anmutende Beweisführung Anselms wird bereits von einigen seiner Zeitgenossen als fehlerhaft angegriffen. Thomas von Aquin lehnt Anselms Gottesbeweis ab, während viele andere Scholastiker wie z. B. Alexander von Hales (1185–1245) ihm zustimmen.
Immanuel Kant (1724–1804) wird später in vernichtender Schärfe nachweisen, dass die Denkbarkeit an sich nicht als Beweis für die objektive Wirklichkeit dienen kann.
Auch wenn Anselms Gottesbeweis offensichtlich fehlerhaft ist, kommt ihm dennoch das Verdienst zu, erstmalig die Mittel der Logik und Philosophie für die Theologie zu nutzen und damit den Grundstein für die mittelalterliche Scholastik zu legen.

Albertus Magnus
Die Grenze zwischen Glauben und Naturwissenschaft

Albertus Magnus entwickelt gemeinsam mit Thomas von Aquin die Grundlagen der Scholastik als offizieller Philosophie der katholischen Kirche im Mittelalter.
Er verfolgt das ehrgeizige Ziel, dem „christlichen Abendland" den gesamten Wissensschatz der Antike zu vermitteln.
Wegen seiner großen Gelehrsamkeit wird er als Magnus sowie *doctor universalis* bezeichnet. 1223 tritt Albertus Magnus in Padua in den Dominikanerorden ein.
Er studiert in Bologna und Padua nicht nur Logik und Philosophie, sondern auch Medizin. Nach dem Abschluss seiner Studien hält er u. a. in Paris theologische Vorlesungen. 1248 gründet er an

Albertus Magnus

der Universität von Köln ein Studium generale seines Ordens.

Thomas von Aquin wird zu einem seiner Schüler. 1260 wird er zum Bischof von Regensburg ernannt, kehrt jedoch 1262 wieder zu seinem Lehramt nach Köln zurück. Zeitweise betätigt er sich auch als Kreuzzugsprediger in Deutschland und Böhmen und bleibt bis zu seinem Tod als Lehrer in Köln.

Das philosophische und naturwissenschaftliche Werk des Albertus Magnus besteht im Wesentlichen aus einem ausführlichen Kommentar zu den aristotelischen Schriften.

Als Philosoph unterscheidet er klar und eindeutig zwischen reinen Glaubensfragen und Fragen, die mit den Mitteln der Vernunft klärbar sind.

Erkenntnis kann nach Albertus' Auffassung nur durch das Zusammenwirken von Wahrnehmung und Denken entstehen. Im Mittelpunkt steht bei ihm wie bei seinem Schüler Thomas von Aquin das Bemühen, Glauben und Wissen miteinander zu versöhnen, wobei letztlich der Glaube zur höheren Instanz erhoben wird.

Die Schöpfung der Welt ist ein für die Vernunft nicht fassbares Wunder. Philosophie und Naturwissenschaften besitzen klar abgegrenzte Zuständigkeitsbereiche:

„Wir haben in der Naturwissenschaft nicht zu forschen, wie Gott nach seinem freien Willen durch unmittelbares Eingreifen die Geschöpfe zu Wundern gebraucht, durch die er seine Allmacht zeigt; wir haben vielmehr zu untersuchen, was im Bereiche der Natur durch die den Naturdingen innewohnende Kausalität auf natürliche Weise geschehen kann."

In den Naturwissenschaften legt Albertus den Schwerpunkt auf die Notwendigkeit der Beobachtung und des Experiments, um zu verlässlichen Erkenntnissen zu gelangen.

1651 werden Albertus' Schriften in Lyon in einer 21 Bände umfassenden Gesamtausgabe herausgegeben. Die Aufgabe, das kaum übersehbare Material, das in Albertus' Schriften zu den verschiedensten Wissensgebieten gesammelt ist, zu einem einheitlichen System auszubauen, bleibt in der

! Lebensdaten

1200 Geburt in Lauingen an der Donau
1223 Eintritt in den Dominikanerorden
1248 Lehrtätigkeit an der Kölner Universität
1260 Bischof in Regensburg
1262 Wiederaufnahme der Lehrtätigkeit in Köln
1280 Tod in Köln
1651 posthume Veröffentlichung des Gesamtwerkes in Lyon

Folgezeit seinem Schüler Thomas von Aquin vorbehalten.

Thomas von Aquin

Versöhnung von Glauben und Wissen

Im Rahmen seines relativ kurzen Lebens hinterlässt Thomas von Aquin ein mehr als 50 Bände umfassendes monumentales Werk, das stark von den Arbeiten des großen griechischen Philosophen Aristoteles beeinflusst ist. Aristoteles übt auf die gesamte Philosophie des Mittelalters einen wesentlichen Einfluss aus. Im Werk Thomas von Aquins findet sich mehrfach der von Aristoteles stammende Satz: „Alle Menschen verlangen von Natur nach Wissen." Das Verlangen nach Wissen mit dem Glauben an Gott zu vereinbaren ist das wesentliche Ziel der philosophischen Tätigkeit des heiligen Thomas, der 1225 als Kind einer mächtigen Adelsfamilie in der Nähe von Neapel geboren wird. Im Alter von 20 Jahren beschließt er, in den Bettelorden der Dominikaner einzutreten, statt Abt von Monte Cassino zu werden.

Seine Familie gerät über diese Entscheidung derartig in Zorn, dass seine Brüder ihn ein Jahr gefangen halten. Der junge Thomas nutzt die Zeit der Gefangenschaft, um sich seinen theologischen Studien zu widmen.

Anschließend wird er Magister an der Universität von Paris, wo er

Triumph des Thomas von Aquin (Mitte hinten) über Averroes (Fresko von Andrea da Firenze (aktiv von 1343–77) in der Spanischen Kapelle von Santa Maria Novella in Florenz)

sich inmitten einer heftigen geistigen Auseinandersetzung mit zwei einander bekämpfenden Parteien wiederfindet. Seine Lehre, die in dem berühmten Werk *Summa Theologica* festgehalten ist, wird von zwei verschiedenen Seiten infrage gestellt. Einerseits von der Partei der Averroisten an der philosophischen Fakultät, die Aristoteles' Lehrmeinungen vertreten, und andererseits von den Anhängern der Lehre des heiligen Augustinus an der theologischen Fakultät. Papst Alexander IV. (Pontifikat 1254–61) rief Thomas 1259 zu sich nach Rom und machte ihn zum Dozenten der Kurie. 1268 kehrt Thomas nach Paris zurück und nahm den Kampf gegen den Averroismus auf. Die Anhänger der naturwissenschaftlich ausgerichteten Philosophie des Aristoteles stellen für den Führungsanspruch des Papsttums eine erhebliche Gefährdung dar.

Die Philosophie des Aristoteles errichtet neben der Wahrheit des Glaubens eine zweite, ausschließlich auf die Vernunft begründete Wahrheit. Zwischen Glauben und Wissen scheint sich eine große Kluft aufzutun. Auf dem Weg zum Konzil von Lyon, das von Papst Gregor X. (Pontifikat 1271–76) einberufen wird, kommt Thomas ums Leben. Er wird im Jahre 1323 heilig gesprochen und 1567 zum Kirchenlehrer erklärt.

Das Papsttum befindet sich zu Thomas' Lebzeiten auf dem Höhepunkt seiner Macht und sucht nach einer einheitlichen Ideologie, mit der sich sein Streben nach weltlicher Macht rechtfertigen lässt. Thomas von Aquin gelingt es, den scheinbaren Widerspruch zwischen Glauben und Wissen aufzulösen.

Glauben und Wissen

Zwischen den beiden Bereichen des Glaubens und Wissens kann laut der thomistischen Lehre kein Widerspruch bestehen. Die christliche Wahrheit ist zwar von der Vernunft allein nicht erfassbar, doch sie ist auch nicht gegen die Vernunft gerichtet.

> **! Lebensdaten**
>
> **1225** Geburt in Schloss Roccasecca bei Aquino, Neapel
> **1259–68** Hoftheologe bei Papst Urban VI. (Pontifikat 1378–89)
> **1274** Tod im Kloster Fossanuva bei Rom
> **1323** posthume Heiligsprechung

Zudem ist die Vernunft durchaus in der Lage, gewisse christliche Wahrheiten, wie z. B. die, dass es nur einen Gott geben kann, zu erkennen. Wenn christlich-religiöse Wahrheiten von der Vernunft erkannt werden können, kann die

Philosophie in den Dienst der Theologie treten. Sie kann ebenfalls dazu dienen, gegen den Glauben vorgebrachte, vermeintlich rationale Argumente zu widerlegen. Mit der Lehre des Thomas von Aquin erreicht das scholastische Denken, das darauf abzielt, die Philosophie als Werkzeug für theologische Zwecke zu benutzen, seinen Höhepunkt. Thomas will Glauben und Wissen miteinander vereinbaren und zugleich der aristotelischen Lehre den ihr gebührenden Platz zuweisen. Die Basis für die große thomistische Synthese von Vernunft und Glauben, Philosophie und Theologie bildet die Aussage, dass Vernunft und Glauben beide von Gott stammen.

Sie können folglich nicht in Widerspruch zueinander stehen. Ausgehend von dieser Überzeugung tritt Thomas einen fünffachen Gottesbeweis an. In seinen „fünf Wegen zu Gott" stellt er fest, dass es ein Erstes, Ursachenloses, Notwendiges und Vollkommenes gibt, „das alle Gott nennen". In seiner Argumentation lehnt sich Thomas sowohl an Aristoteles als auch an Augustinus an. Er bemüht sich, einen Mittelweg zu finden zwischen der Auffassung, dass Gott als erkennbares Wesen im Menschen ist und dass Gott ein völlig unerkennbares transzendentales Wesen ist. Er stellt fest, dass unsere Erkenntnis von Gott auf drei Wegen geschieht. Erstens wird Gott mittelbar durch seine Wirkungen in der Natur erkannt. Zweitens können die Begriffe, die auf Gottes Geschöpfe zutreffen, angesichts der angenommenen Ähnlichkeit zwischen Schöpfer und Geschöpf auf Gott bezogen werden.

Drittens kann Gott in unvollkommener Art und Weise durch die Vernunft erkannt werden. In Anlehnung an Platons Ideenlehre erklärt Thomas, dass Gott seine göttlichen Ideen im Rahmen der Schöpfung verwirklicht.

Menschliche Seele und Erkenntnis

Die Seele des Menschen ist bei Thomas eine unkörperliche Wesenheit. Sie ist reine geistige Form ohne Materie. Aus dieser Annahme folgert er ihre Unzerstörbarkeit und Unsterblichkeit.

Wenn die Seele vom Körper unabhängig ist, kann sie nicht mit ihm zerstört werden. In Hinblick auf das menschliche Erkenntnisvermögen vertritt Thomas einen empirischen Standpunkt. Erkenntnis gewinnt der Mensch durch Erfahrung aufgrund seiner Sinneswahrnehmungen.

Die Vernunft verarbeitet das von den Sinnesorganen gelieferte Material weiter. Aus der thomistischen Seelen- und Erkenntnislehre ergibt sich sein Ethikverständnis. „Nicht der heißt ein guter

Mensch, der eine gute Erkenntniskraft, sondern der einen guten Willen hat." Bei seinem Verständnis von Tugendhaftigkeit lehnt sich Thomas an die vier klassischen griechischen Haupttugenden Weisheit, Tapferkeit, Mäßigkeit und Gerechtigkeit an und fügt diesen die drei christlichen Tugenden Glaube, Liebe und Hoffnung hinzu.

Politik

Das ideale Staatswesen ist für Thomas die Monarchie. In seinem Reich ist der König der Seele im Körper vergleichbar. Die Aufgabe des Staates liegt darin, seine Bürger zu einem tugendhaften Leben zu führen. Die wichtigste Voraussetzung für ein tugendhaftes Leben ist die Wahrung des Friedens, die dem Staat als zentrale Aufgabe obliegt. Der endgültige Zweck der menschlichen Existenz ist jedoch nicht die Bewahrung von Frieden und Tugendhaftigkeit, sondern das Erlangen der himmlischen Seligkeit.
Die Aufgabe, die Menschen zur himmlischen Seligkeit zu führen, liegt jedoch nicht beim Staat, sondern bei der Kirche, wobei v. a. dem Papst als Stellvertreter Gottes auf Erden eine zentrale Rolle zukommt. Wenn die Kirche eine höhere Aufgabe erfüllt als der Staat, muss sich die weltliche Gewalt dem Willen der geistlichen Gewalt unterordnen. Mit seiner Argumentation liefert Thomas somit die perfekte Legitimation für den Führungsanspruch des Papsttums gegenüber sämtlichen weltlichen Herrschern, die sich stets dem durch die Päpste verkörperten Willen Gottes zu fügen haben.

Meister Eckhart
Mystische Vereinigung mit Gott

Während bei den anderen Scholastikern die Vereinigung zwischen Glauben und Wissen im Mittelpunkt steht, betont Meister Eckhart die Fähigkeit des Menschen, sich ohne kirchliche Hilfe mit Gott zu vereinigen. Geboren als Abkömmling eines Rittergeschlechts, tritt Eckhart bereits früh in das Dominikanerkloster von Erfurt ein. Nach Studienaufenthalten in Köln und Straßburg wird er Prior seines Klosters, erhält einen Lehrauftrag in Paris

! Lebensdaten

1260 Geburt in Hochheim bei Gotha
1303–11 Ordensprovinzial in Sachsen
1311 Professor in Paris
1313 Professor in Straßburg
1320 Lehrtätigkeit in Köln
1327 Tod in Köln

und wird 1302 Magister. Die Bezeichnung Meister Eckhart leitet sich von diesem Titel ab. Es folgen zahlreiche weitere akademische Lehrtätigkeiten an verschiedenen Orten. Schließlich nimmt Eckhart einen Lehrauftrag an der Universität Köln an, wo er 1327 stirbt. Entscheidend für Eckharts Leben ist sein Streit mit der Amtskirche. Nach seinem Tod erlässt der Papst eine Bulle, in der 28 seiner Thesen als missverständlich und ketzerisch verbannt werden. Einer der Sätze Eckharts, an denen die Kirche Anstoß nimmt, lautet: „Alle Dinge sind Gott selber." Gott ist laut Eckharts Lehre für den Menschen während seiner irdischen Existenz erfahrbar. In den Tiefen seiner eigenen Seele erfährt der Mensch die Vereinigung mit Gott – die „unio mystica". Der Teil der menschlichen Seele, der zur mystischen Erfahrung fähig ist, wird von Eckhart als „Seelenfünklein" bezeichnet. Die Seele ist für Gottes Wesen empfänglich, da sie der Ort der Gottesgeburt ist. Nicht das Denken an Gott, sondern Gott in sich zu haben ist in Eckharts Lehre das Ziel des Menschen, die in der Auffassung gipfelt: „Gott und ich, wir sind eins." Eckhart muss seine Thesen ab 1326 in mehreren Inquisitionsprozessen verteidigen. Eckharts These von der Geburt Gottes in der Seele wird schließlich von Papst Johannes XXII. (Pontifikat 1316–34) anerkannt, die für seine Lehre zentrale These der Möglichkeit des irdischen Einswerdens mit Gott wird jedoch als ketzerisch verurteilt.

! Mystik

In der katholischen Theologie wird die Mystik als die innere Erfahrung der göttlichen Gnade definiert. Die mystische Gotteserfahrung spielt in vielen östlichen Religionen wie z. B. dem Taoismus und dem Buddhismus eine wichtige Rolle. Die Mystiker gehen davon aus, dass die Vereinigungserfahrung mit Gott durch persönliche Hingabe erreicht werden kann. Zu diesem Zweck können z. B. Meditation, Gebet, Askese, Fasten, Pilgerfahrten, Selbstgeißelung oder auch die Einnahme von bewusstseinsverändernden Substanzen dienen. Das höchste Ziel des Mystikers ist die „unio mystica", die „geheimnisvolle Vereinigung mit Gott".

Wilhelm von Ockham

Begriffe besitzen keine reale Existenz

Wilhelm von Ockham ist zunächst Mitglied des Franziskanerordens und studiert anschließend in Oxford Theologie. 1323 wird er beim Papst als Ketzer angeklagt, nach Avignon gerufen und 1324 dort inhaftiert.

Papstpalast in Avignon: Sitz der Päpste während des Avignonischen Exils (1309–76)

Vor dem Ende des gegen ihn laufenden Prozesses flieht er 1328 nach Pisa zu Ludwig von Bayern (1281–1347), der seit 1322 deutscher König ist und sich 1328 in Rom zum Kaiser krönen lässt.
Der Papst belegt beide mit einem Bann, woraufhin Wilhelm von Ockham den Kaiser nach München begleitet, wo er ihm als publizistischer Berater zur Seite steht.
Nach dem Tod Ludwigs versucht er, sich wieder mit dem Papst und seinem Orden zu versöhnen, wobei er jedoch nur seine politischen, nicht jedoch seine theologischen und philosophischen Ansichten zu widerrufen gedenkt.
Kurze Zeit nach dem Tod seines Beschützers Ludwig (1347) stirbt Wilhelm an der Pest. Trotz mehrfacher Verurteilungen von kirchlicher und weltlicher Seite gewinnt seine Lehre zahlreiche Anhänger. Der starke Einfluss von Wilhelms Lehre, in der Glauben und Wissen im Gegensatz zur scholastischen Lehre radikal voneinander getrennt werden, hält in der Folgezeit bis zum Ende des Mittelalters an.

! Lebensdaten

1285 Geburt in Ockham, Grafschaft Surrey
1323 Anklage als Ketzer
1324 Verhaftung und anschließende Inhaftierung in Avignon
1328 Flucht nach Pisa zu Kaiser Ludwig von Bayern
1349 Tod in München
1491 posthume Veröffentlichung von *Quaestiones in octo libros Physicorum*
1496 *Exposition aurea*
1498 *Summa totius logicae*

Nominalismus

Wilhelm gilt als Begründer der Lehre des Nominalismus. Allgemeine Begriffe haben seiner Lehre nach keine Entsprechung in der Wirklichkeit.
Für ihn besitzen nur die Einzeldinge eine reale Existenz; Begriffe sind im Gegensatz dazu Schöpfungen des menschlichen Geistes. Berühmtheit erlangt sein als „Ockhamsches Rasiermesser“ bezeichnetes Prinzip zur radikalen Vereinfachung der verschiedenen Seinsarten.

Reale Existenz kommt nur solchen Dingen zu, die eine eindeutig definierte Qualität, Materie sowie zeitliche und örtliche Position besitzen.
Wilhelm fordert eine konsequente Trennung der Bereiche des Glaubens und des Wissens. Durch die Vernunft kann seiner Meinung nach weder die Existenz, noch können durch sie irgendwelche Eigenschaften Gottes bewiesen werden.
Es ist nicht verwunderlich, dass er mit derartigen Auffassungen in einen scharfen Konflikt mit der Kirche gerät und als Ketzer verfolgt wird.

Nicolaus von Cues

Einheit der Gegensätze im Unendlichen

In der Übergangsphase zwischen Mittelalter und Neuzeit kommt Nicolaus, der auf Lateinisch auch Cusanus genannt wird, 1401 in Kues an der Mosel zur Welt. Nach seinem Studium der Theologie und Philosophie in Heidelberg, Padua und Köln tritt Cusanus in den Augustinerorden ein, nimmt am Basler Reformkonzil teil und verfasst 1434 die einflussreiche Denkschrift *Concordantia catholica.*
1437 reist er auf Anweisung des Papstes nach Byzanz, um bei der Vereinigung der westlichen und östlichen Kirche mitzuwirken, die jedoch letztlich nicht gelingt. Sein 1440 erscheinendes Hauptwerk *De docta ignorantia*, in dem er u. a. seine zentrale These vom Zusammenfallen der Gegensätze *(coincidentia oppositorum)* darlegt, verfasst er nach seiner Rückkehr aus Byzanz.

! Lebensdaten

1401 Geburt in Kues an der Mosel
1434 *Concordantia catholica*
1440 *De docta ignorantia*
1448 Ernennung zum Kardinal
1450 Ernennung zum Bischof des Bistums Brixen
1453 *De visione Dei*
1458 *De beryllo*
1460 *De possest*
1461 *De cribratione Alchoran*
1464 *De Ludo globi*; Tod in Todi, Umbrien

Nicolaus von Cues

Johannes Kepler

Der Gedanke der im Unendlichen sich vereinigenden Gegensätze, die sich im Endlichen ausschließen, zieht sich wie ein roter Faden durch sein gesamtes Werk. Cusanus orientiert sich an dem im mittelalterlichen Denken weitgehend verloren gegangenen dialektischen Gedankengut Heraklits und entwickelt es in seiner Zeit eigenständig weiter.

Das Prinzip der Aufhebung der Gegensätze auf einer höheren Stufe spielt später u. a. im marxistischen Geschichts- und Gesellschaftsmodell eine wichtige Rolle.

Gott wird von Cusanus als Unendlichkeit im Gegensatz zu allen endlichen Dingen begriffen. Jeder Punkt des Weltalls ist gleich weit von Gott entfernt.

Zu einem gewissen Grad wird mit dieser Idee das alte ptolemäische Weltbild, das noch von einer Ungleichwertigkeit zwischen himmlischer und irdischer Sphäre ausgeht, überwunden. Im Rahmen dieses ersten kosmologischen Relativitätsprinzips kommt dem menschlichen Individuum eine neue Stellung in seinem Verhältnis zu Gott zu.

Der Mensch ist nicht länger, wie bei den traditionellen Scholastikern, eine passiv leidende Kreatur, die Gott unterstellt ist, sondern er nimmt aktiv an der göttlichen Schöpfung teil.

Cusanus' Philosophie ist damit einerseits noch fest im mittelalterlichen Denken verwurzelt, andererseits weist sie bereits in die Neuzeit voraus, um in der Folgezeit große Denker, wie z. B. Johannes Kepler (1571–1630) und Sir Isaac Newton (1643–1727), zu ihren bahnbrechenden Erkenntnissen anzuregen.

Sir Isaac Newton

Neuzeit

Mit dem französischen Philosophen und Mathematiker René Descartes (1596–1650) beginnt in der Philosophie eine neue Epoche. Das Interesse der Philosophie richtet sich nicht mehr auf die Frage: „Was kann ich erkennen", sondern auf die Frage wie Erkenntnis möglich ist. Im Mittelpunkt der neuzeitlichen Philosophie steht nicht mehr der Gegenstand, sondern die Methode der Erkenntnis. Trotzdem bleiben auch in der neuzeitlichen Philosophie die traditionellen Fragestellungen, wie die Suche nach dem wahren Wesen der Wirklichkeit oder die Frage der Unsterblichkeit der Seele, weiterhin bestehen. Die Philosophie der Neuzeit ist in diesem Sinne keine gänzlich neue Philosophie, sie fügt lediglich neue Perspektiven hinzu und verlagert ihren Schwerpunkt, indem sie sich intensiver als bisher mit dem menschlichen Bewusstsein als Quelle der philosophischen Erkenntnis auseinander setzt.

Rene Descartes

Die Renaissance

Im Zentrum des mittelalterlichen Weltbildes hat Gott gestanden. Im Zentrum des neuzeitlichen Weltbildes steht der Mensch. Die von Italien ausgehende Renaissance beinhaltet einerseits die Wiederentdeckung des antiken Wissens und andererseits die Neupositionierung des Menschen innerhalb der Welt. Sie durchbricht die Fesseln des Glaubens. Gott steht nicht über allen Dingen, sondern ist in ihnen enthalten. Dieser Grundzug des Denkens der Renaissance wird als Pantheismus bezeichnet.

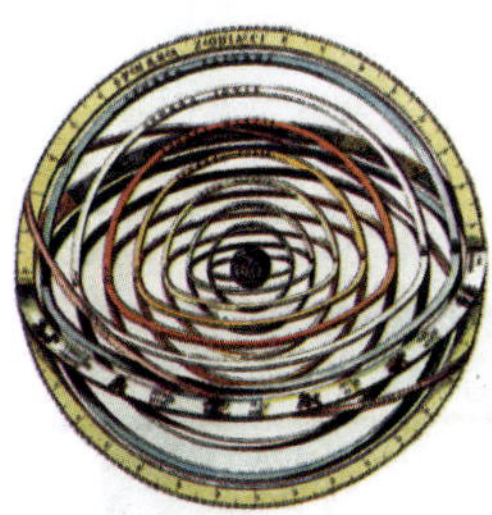

Ptolemäisches Weltbild: Die Erde ist das Zentrum des Universums

Das mittelalterliche Weltbild des Ptolemäus (100–160), in dem die Erde noch als Mittelpunkt des Universums betrachtet wurde, wird in der Neuzeit durch das

System von Nikolaus Kopernikus (1473–1543) und Kepler, in dem sich alle Planeten um die Sonne als Mittelpunkt des Weltalls drehen, ersetzt. Die Kirche reagiert auf die Erkenntnisse der modernen Naturwissenschaft mit Inquisition und Scheiterhaufen. Wer die kirchlichen Dogmen über die Erschaffung der Welt ablehnt, handelt gegen den absoluten Autoritätsanspruch der Kirche.

Die Renaissance ist die „Wiedergeburt" des antiken Wissens und eines Denkens, das nicht Gott, sondern den Menschen in den Mittelpunkt stellt. Der Mensch entwickelt eine Sehnsucht nach der Unendlichkeit, die er im Kosmos findet. Die Forschungen von Kopernikus, Kepler und Galileo Galilei (1564–1642) zeigen, dass die Sonne im Mittelpunkt des Weltalls steht. Dieses heliozentrische Weltbild löst das Weltbild des Ptolemäus ab, in dem die Erde im Mittelpunkt stand.

Galileo Galilei

Nikolaus Kopernikus

Galilei erklärt, dass die Philosophie im Buch der Natur niedergeschrieben ist. Die Wurzeln der Renaissance liegen um 1400 am Hofe der reich gewordenen Bürgerfürsten der Medici. Sie verbreitet sich im Laufe des 15. Jh. in ganz Italien und seit 1500 auch in Frankreich. In den übrigen europäischen Ländern kommt die Renaissance weniger zur Entfaltung, da in diesen das Geistesleben stärker von den Fragen der Reformation bestimmt wird. Die Philosophie der Renaissance ist gekennzeichnet durch die Abkehr von der Autorität der Kirche, das Vertrauen auf die eigene Vernunft, die Ausweitung des Weltbildes zum unendlichen Kosmos und die Berücksichtigung der Erkenntnisse der sich entwickelnden Naturwissenschaft.

Die Reformation

Angesichts der unerfüllt gebliebenen Forderungen nach einer umfassenden Kirchenreform löst

Martin Luther (1483–1546), der in der kirchlichen Gnadenlehre keine Heilsgewissheit findet, 1517 mit seinen 95 Thesen über den Ablass eine Reformbewegung aus, die den Rahmen der bestehenden Kirche innerhalb weniger Jahre völlig sprengt. Luther geht von der Sündhaftigkeit des Menschen aus, lehnt jedoch die Mittlerfunktion der Kirche zwischen Mensch und Gott ab.

Porträt Martin Luthers von Lucas Cranach

Als einzige Autorität erkennt Luther das Wort Gottes in der Heiligen Schrift an. An die Stelle der hierarchisch geordneten Amtskirche tritt der Gedanke der Gemeinde und des Priestertums aller Gläubigen.

Die Reformation verbreitet sich nicht nur in allen Teilen Deutschlands, sondern auch im übrigen Europa. Das bedeutendste Zentrum der Reformation befindet sich neben Wittenberg zunächst in Zürich, wo Ulrich Zwingli (1484–1531) nicht nur die Kirchenordnung, sondern das ganze Gemeinwesen von Grund auf umgestaltet.

Ulrich Zwingli

Nach seinem Tod wird ab 1536 Genf unter Johannes Calvin (1509–64) zum protestantischen Musterstaat. Im Kalvinismus wird der berufliche und wirtschaftliche Erfolg des Einzelnen als klares Zeichen seiner Auserwähltheit von Gott angesehen.

Die calvinistische Reformation führt somit auch zu einer neuen Form von Ethik, die der modernen kapitalistischen Gesellschaft den Weg bereitet. Die Reformation beseitigt als äußerst mächtige geistige Bewegung die jahrhundertealte Einheit der lateinischen Christenheit und bedeutet einen wesentlichen Schritt zur religiösen Freiheit des Einzelnen und damit zur Entwicklung des modernen Individuums. Zugleich löst sich der Staat von der Vormundschaft der Kirche.

Der Weg bis zur endgültigen Trennung von Kirche und Staat erscheint, angesichts der zweifellos äußerst weit reichenden Konsequenzen der Reformation, als nicht mehr allzu weit.

Rationalismus

Die wichtigsten Strömungen der neuzeitlichen Philosophie sind der von der Erfahrung als wichtigstes Mittel der Erkenntnis ausgehende Empirismus und der einzig und allein von der Vernunft ausgehende Rationalismus.

Benedictus de Spinoza

Unter den Rationalisten ragen mit Descartes, Pascal, Spinoza und Leibniz vier Denker über sämtliche anderen hinaus. Die Rationalisten glauben, die Welt gänzlich mit der Vernunft erkennen zu können. Sie gehen davon aus, dass der Mensch so viel vermag wie er weiß. Francis Bacon (1561–1626) drückt dies mit der Formel „Wissen ist Macht" aus.

Empirismus

Die geistige Heimat des Empirismus befindet sich überwiegend auf den englischen Inseln. Der Empirismus vollzieht den radikalen Bruch mit der von Platon und Aristoteles ausgehenden Metaphysik, die bisher die abendländische Philosophie geprägt hat. Die Empiristen glauben an keine ewigen Wahrheiten und Ideen, sondern trauen nur ihrer Erfahrung. Wichtige Vertreter des englischen Empirismus sind Thomas Hobbes (1588–1679), John Locke (1623–1704) und David Hume (1711–76). Einen Versuch, die materialistisch anmutenden Konzepte der großen englischen Empiriker mit dem Glauben an Gott zu vereinen, unternimmt Bischof Berkeley. Er fügt sich der Forderung der Empiriker, einzig und allein die von den Sinnesorganen vermittelte Wahrnehmung der Welt als Quelle der Erkenntnis zu akzeptieren, und folgert daraus „Sein ist Wahrgenommenwerden" *(esse est percipi)*. Allerdings wird alles, was existiert, nicht nur vom Menschen, sondern auch von Gott wahrgenommen.

Thomas Hobbes

Berkeley versucht somit, eine Brücke zwischen der christlichen Lehre und dem zunehmend auch auf dem europäischen Festland an Bedeutung gewinnenden Empirismus zu schlagen.

Bischof George Berkeley

Aufklärung

Das Denken der Renaissance führt zur philosophischen und politischen Bewegung der Aufklärung des 17. und v. a. 18. Jh., die den Menschen aus seiner geistigen Unmündigkeit von den Dogmen der Kirche und den Mythen des Mittelalters endgültig befreien will. Kant definiert die Aufklärung als „Ausgang des Menschen aus seiner selbstverschuldeten Unmündigkeit".

Die Aufklärung führt in Frankreich zur Französischen Revolution von 1789, in Deutschland liefert sie wichtige geistige Impulse zur kantischen Philosophie, die den Menschen zum Gebrauch seiner Vernunft auffordert, zugleich jedoch auch auf die Grenzen der menschlichen Erkenntnis hinweist.

Die mit der Aufklärung einhergehende kritische Haltung gegenüber der Religion führt zur Forderung nach mehr Toleranz in religiösen Fragen. Eine im Zuge der Aufklärung an Popularität gewinnende religiöse Grundhaltung ist der Deismus, der annimmt, dass Gott die Welt perfekt geschaffen hat, um sie anschließend nicht mehr anzurühren.

Wissenschaft und Fortschrittsglaube

Empirische und mathematische Methoden führen zu bahnbrechenden Fortschritten und Erkenntnissen auf dem Gebiet der Naturwissenschaften. Das bedeutendste Beispiel sind die Leistungen Newtons, der mit seiner Mechanik (1687) eine streng den Regeln der Kausalität unterworfene Erklärung der Natur vorlegt. Angesichts der Fülle von wissenschaftlichen Entdeckungen und den sich aus ihnen ergebenden praktischen Anwendungsmöglichkeiten erwächst im Zeitalter der Aufklärung ein starker Fortschrittsglaube. Die Natur scheint durch den Menschen vollständig erklärbar und beherrschbar. Die Leistungen des Menschen im wissenschaftlichen und gesellschaftlichen Bereich scheinen einen beständig zunehmenden Fortschritt der Menschheit zu garantieren. Die negativen Konsequenzen der sich allmählich entwickelnden modernen Industriegesellschaft werden dagegen zunächst noch völlig unterschätzt.

Aufstieg des Bürgertums

Im gesellschaftlichen Bereich führt das Zeitalter der Aufklärung zu einem Aufstieg des liberal denkenden Bürgertums. Im wirtschaftlichen Bereich fordert der Liberalismus die Aufhebung der Handelsgrenzen. Im politischen Bereich wird die Garantie der Grundrechte des Individuums im Rahmen liberaler Verfassungen angestrebt. Die politische Herrschaft wird nicht länger als etwas von Gott Gegebenes, sondern als Vertragsgemeinschaft zwischen Volk und Regierenden betrachtet. Während in England die konstitutionelle Monarchie die Forderungen des aufgeklärten Bürgertums erfüllt, breitet sich auf dem europäischen Festland der aufgeklärte Absolutismus aus, dessen zentrale Forderung „nichts durch das Volk, alles für das Volk" lautet.

! Lebensdaten

1561 Geburt in London
1580 Eintritt in das juristische Kollegium Gray's Inn
1597 Ernennung zum außerordentlichen Rechtsbeistand des Königs
1604 Ernennung zum Kronadvokat
1617 Ernennung zum Großsiegelbewahrer
1618 Ernennung zum Lordkanzler und zum Baron von Verulam
1620 *Novum organum*
1621 Verlust sämtlicher Staatsämter
1626 Tod in London

Francis Bacon
Wissen ist Macht

Bacon wird als Sohn von Sir Nicolas Bacon, dem ersten Kronjuristen der englischen Königin Elisabeth geboren. Im Alter von 13 Jahren tritt der hoch begabte Jüngling in das Trinity College der Universität Cambridge ein.
Nach nur drei Studienjahren verlässt er jedoch die Universität, da er bereits jetzt zu der Überzeugung gelangt ist, dass die aristotelisch-scholastische Lehre überholt ist. 1576 widmet sich Bacon in Paris staatsrechtlichen und ökonomischen Studien und veröffentlicht die Schrift *Kurze Übersicht der Lage Europas.* Bacon tritt 1580 in das juristische Kollegium von Gray's Inn ein, um Staatsbeamter zu werden.
1597 wird er zwar zum außerordentlichen Rechtsbeistand des Königs ernannt, erhält jedoch für dieses Amt keine Besoldung. 1604 wird Bacon Kronadvokat. Er macht Karriere und es folgen eine Reihe weiterer Staatsämter, die er in den nächsten Jahren bekleidet. 1621 wird Bacon wegen Bestechung angeklagt und muss all seine Staatsämter abgeben.

Francis Bacon in seinem Studierzimmer

Nach dem Ende seiner Hofbeamtenkarriere widmet er sich fortan nur noch seinen wissenschaftlichen Studien.

„Wissen ist Macht"

Auf Bacon geht die berühmte Formel „Wissen ist Macht" zurück, die für den Geist der Renaissance bezeichnend ist. Die höchste Aufgabe der Wissenschaft ist die Beherrschung der Natur.

Bacon unterzieht die verschiedenen Wissenschaften einer systematischen Gliederung, trennt die Theologie von den übrigen Wissenschaften und betrachtet die Erfahrung, das Experiment und die Mathematik als die wichtigsten Fundamente der rationalen Wissenschaft.

Bacon erkennt u. a. die Gesetze der Reflexion und der Strahlenbrechung und kann somit als erster Naturforscher des ausgehenden Mittelalters bezeichnet werden. Gleichzeitig spielen in seinem Werk auch mystische und alchemistische Gedankengänge eine nicht zu unterschätzende Rolle. Er ist zum Teil noch sehr stark dem mittelalterlichen Denken verhaftet. Sein Wissenschaftsverständnis ist jedoch v. a. methodisch und materialistisch und damit zweifellos neuzeitlich. „Die Wissenschaft ist Erfahrungswissenschaft und besteht darin, eine rationelle Methode auf das sinnlich Gegebene anzuwenden. Induktion, Analyse, Vergleichung, Beobachtung, Experimentieren sind die Hauptbedingungen einer rationellen Methode."

Die induktive Methode

Die von Bacon vorgeschlagene Methode, um zu wissenschaftlich gesicherten Erkenntnissen zu gelangen, ist die Induktion, also der Schluss vom Einzelnen auf das Allgemeine. Induktive Schlüsse besitzen die Eigenschaft, dass sie keine absolute Gewissheit beanspruchen können, sondern an Wahrscheinlichkeit gewinnen je höher die Anzahl der überprüften Einzelfälle ist.

Für die Naturwissenschaften erweist sich die induktive Methode, die bereits bei den alten Griechen bekannt ist, von Bacon jedoch weiterentwickelt wird, als äußerst fruchtbar. Hinsichtlich des Nutzens der induktiven Methode erklärt Bacon: „Die Empirie kommt nicht über das Besondere hinaus, sie schreitet immer nur von Erfahrungen zu Erfahrungen, von Versuchen zu neuen Versuchen, die Induktion dagegen zieht aus den Versuchen und Erfahrungen die Ursachen und allgemeinen Sätze heraus und leitet dann wieder neue Erfahrungen und Versuche aus diesen Ursachen und allgemeinen Sätzen oder Prinzipien ab."

René Descartes
„Cogito ergo sum"

! Lebensdaten

1596 Geburt in La Haye
1619 Offenbarungserlebnis in Neuburg an der Donau
1637 *Essays philosophiques*
1641 *Meditationes de prima philosophia*
1644 *Principia philosophiae*
1650 Tod in Stockholm
1897 posthume Veröffentlichung des *Opus maius* (Descartes' Hauptwerk)

Die enorme Wirkung des französischen Philosophen und Mathematikers René Descartes steht in einem eigentümlichen Gegensatz zu seinem Leben, das durch eine ständige Flucht vor der Öffentlichkeit geprägt ist. Zeitlebens fürchtet sich der große aufklärerische Denker vor der Verfolgung durch die Kirche. Die katholische

René Descartes

Kirche verfolgt zu seiner Zeit mit Nachdruck Andersdenkende, die entweder protestantisches Gedankengut oder die Thesen der neuen empirischen Naturwissenschaften verkünden. Das kirchliche Weltbild ist maßgeblich durch die mittelalterliche Scholastik bestimmt, welche die Philosophie zur Hilfswissenschaft für die Theologie umfunktioniert hat. Nach wie vor hält die Kirche an der Meinung fest, dass die Sonne sich um die Erde dreht und nicht umgekehrt, wie Kopernikus gezeigt hat. Wer an ketzerischen naturwissenschaftlichen Lehrmeinungen festhält, läuft Gefahr, als Ketzer verbrannt zu werden.
So ergeht es z. B. dem italienischen Philosophen und Dominikanermönch Giordano Bruno (1548–1600), der als Vertreter der These von der Unendlichkeit des Universums im Jahre 1600 auf dem Campo de fiori in Rom öffentlich verbrannt wird.

Giordano Bruno

Descartes entstammt einer niederen Adelsfamilie. Er besucht eine Jesuitenschule, in der er eine umfassende Ausbildung in sämtlichen geisteswissenschaftlichen und naturwissenschaftlichen Disziplinen erhält. Seine besondere Leidenschaft gilt schon früh der Mathematik. Nach dem Abschluss seiner Studien erwirbt Descartes noch ein zusätzliches juristisches Diplom, doch er beschäftigt sich überwiegend mit Fragen der Mathematik. Als 1618 der Dreißigjährige Krieg beginnt, lässt er sich in den Niederlanden in der Armee des Prinzen von Oranien zum Offizier ausbilden.

Im Winter des Jahres 1619 befindet er sich im Winterquartier in Neuburg an der Donau, wo ihm im Traum eine Art Offenbarungserlebnis zuteil wird, über das er schreibt: „Es ist mir das Licht einer wunderbaren Einsicht aufgegangen." Er sieht sich dazu berufen, eine Methode zu entwickeln, die allen Wissenschaften als Grundlage dienen kann.

Die Suche nach dieser universal anwendbaren Methode wird zu seinem wichtigsten Lebensziel.

Bevor er sich seinen philosophischen Studien widmet, tritt er jedoch zunächst in das Heer des Herzogs von Bayern ein und nimmt 1620 an der Schlacht am Weißen Berg gegen Friedrich von der Pfalz (1596–1632) teil.

Anschließend quittiert er den Militärdienst und ist in den folgenden Jahren ständig unterwegs, wobei er sich überwiegend in Frankreich und Italien aufhält und jede Art von Öffentlichkeit konsequent meidet.

Die Zeit des rastlosen Reisens endet, als Descartes 1628 in die Niederlande geht, wo er mehr als 20 Jahre verbringt. Auch in diesem Land führt er ein Leben im Verborgenen und wechselt häufig seinen Wohnort.

Sein Leben in den liberalen Niederlanden wird bestimmt durch intensive naturwissenschaftliche, mathematische und philosophische Studien. 1649/50 folgt Descartes einer Einladung der Königin Christine von Schweden (1626–89, reg. 1632–54), ihr sein philosophisches System zu erklären. Zu seinem Vertrag gehört auch, dass er der Königin in den frühen Morgenstunden Unterricht erteilt. Das kalte Klima und das für ihn ungewohnt frühe Aufstehen überfordern seine Gesundheit und er stirbt 1650.

Christine, Königin von Schweden mit René Descartes (rechts)

Die Methode des radikalen Zweifelns

Der erste Teil seiner Schriften erscheint 1637 unter dem Titel *Essays philosophiques.* Sein wichtigstes Werk ist die *Abhandlung über die Methode, seine Vernunft richtig zu leiten und die Wahrheit in den Wissenschaften zu suchen.* Sie gliedert sich in sechs Abschnitte, in denen die Leitsätze des wissenschaftlichen Schließens sowie zum Teil auch naturwissenschaftliche und ethische Fragestellungen behandelt werden. Der Aufbau der Methodik Descartes' ist vom mathematischen deduktiven Schließen abgeleitet und beinhaltet vier zentrale Regeln:

1. Niemals darf etwas als wahr angenommen werden, was nicht ganz sicher und klar erkannt werden kann.
2. Jede komplexe Frage ist zwecks besserer Lösbarkeit in viele Einzelfragen zu zerlegen.
3. Bei der Systematisierung von Gedanken ist immer mit dem Einfachsten anzufangen, um stufenweise zu den kompliziertesten Sachverhalten aufzusteigen.
4. Komplexe Sachverhalte sind durch das Mittel der Aufzählung vollständig zu erfassen.

Die Ausgangsbasis für Descartes' Methodik des richtigen Schließens bildet der radikale Zweifel. Descartes sucht nach einem Ausgangspunkt, der nicht anzweifelbar ist. In seinen *Meditationes de prima philosophia* von 1641 findet er diesen Ausgangspunkt. „Angenommen", so Descartes, „irgendein böser Geist der zugleich allmächtig und verschlagen ist, habe allen Fleiß daran gewandt, mich zu täuschen." Weiterhin angenommen, dass er sich darin irren mag, wach zu sein und nicht zu träumen, einen Körper zu haben und dass ein Gott existiert.

Wie könnte er in dieser Situation entscheiden, was wahr und was lediglich eine Täuschung seines Verstandes und seiner Sinneswahrnehmung ist?

Descartes gelangt zu dem Schluss, dass sich alles anzweifeln lässt, doch auch wenn alles Täuschung ist, muss es ein Ich geben, das getäuscht wird. Auch das Zweifeln selbst setzt ein Selbstbewusstsein voraus.

„Alsbald machte ich die Beobachtung, dass während ich so denken wollte, alles sei falsch, doch notwendig ich, der das dachte, irgend etwas sein müsse, und da ich bemerkte, dass diese Wahrheit ‚ich denke, also bin ich' so fest und sicher wäre, dass [...] auch die Skeptiker sie nicht zu erschüttern vermöchten, so konnte ich sie meinem Dafürhalten nach als das erste Prinzip der Philosophie, die ich suchte, annehmen." Descartes errichtet seine Philosophie auf der absoluten Gewissheit des subjektiven Selbstbewusstseins des denkenden Individuums: *Cogito ergo sum* – ich denke also bin ich.

! Rationalismus

Indem er die Bedeutung der Vernunft als Erkenntnisinstrument in den Mittelpunkt stellt, wird Descartes zum Begründer des Rationalismus. Der Rationalismus ist mit seiner Überzeugung von der Unbegrenztheit der menschlichen Erkenntniskraft die tragende Philosophie des aufklärerischen Denkens. Der Rationalismus räumt der Vernunft eine unbeschränkte Herrschaft ein, die von keiner höheren Instanz infrage gestellt werden kann.

Gottesbeweis

Von dieser Voraussetzung ausgehend, gelangt Descartes zu seinem Gottesbeweis. „Es ist unmöglich, dass die Vorstellung von Gott, die wir in uns tragen, nicht Gott selbst als Ursache hat." Mit der Existenz Gottes lässt sich auch die Existenz der Außenwelt beweisen und somit der böse Geist bezwingen. Wenn es Gewissheit über die Existenz Gottes gibt, kann Descartes zuversichtlich sein, dass alles, was er „klar und deutlich" denkt, wahr sein muss. Man kann die Argumentation Descartes' infrage stellen, doch mit seiner Forderung nach Gewissheit und Unbezweifelbarkeit legt er auf jeden Fall die Basis für jegliche Art von philosophischen Überlegungen fest.

Geist und Körper

Als denkendes und körperliches Wesen besitzt der Mensch eine doppelte Natur. Geist *(res cogitans)* und Körper *(res extensa)* sind für Descartes zwei verschiedene Substanzen. Das zentrale Merkmal des Geistes ist seine Fähigkeit zu denken. Das charakteristische Merkmal der Materie ist ihre Ausdehnung.

Der Körper stellt nichts anderes als eine kunstvoll konstruierte Maschine dar. Im Gegensatz zu den Tieren ist der Mensch jedoch eine Maschine, die mit einer Seele ausgestattet ist.

Die Seele ist nicht den physikalischen Gesetzen unterworfen. Sie ist unzerstörbar und unsterblich. Die scharfe Trennung von Geist und Körper wird als „cartesianischer Dualismus“ bezeichnet. Obwohl beide als getrennte Substanzen betrachtet werden, besteht doch eine Wechselwirkung zwischen Geist und Körper. Descartes meint, dass der Sitz dieser Wechselwirkung die menschliche Zirbeldrüse ist.

Während das Problem der Interaktion zwischen Geist und Körper von Descartes nicht überzeugend gelöst werden kann, übt die Trennung zwischen Denken und Wahrnehmen sowie zwischen Rationalismus und Empirismus auf die folgenden Philosophen bis Kant einen großen Einfluss aus.

Das cartesianische Denken mit seiner Trennung von Mensch und Natur sowie Körper und Geist wird allerdings im weiteren Verlauf der neueren Philosophiegeschichte auch zum Gegenstand scharfer Kritik. Die Kritik entzündet sich an Descartes' Selbstüberschätzung der menschlichen Vernunft, die als negative Folgen den Menschen u. a. zu Technikwahn und bedenkenloser Umweltzerstörung verleiten kann.

Blaise Pascal
Logik des Herzens

Der französische Philosoph Blaise Pascal, der in seinem Werk in beeindruckender Form wissenschaftliches Talent und religiöse Überzeugung verbindet, gilt bereits als Kind als mathematisches Genie. Im Alter von 16 Jahren legt er eine Arbeit über Kegelschnitte vor.

Wenig später entwirft er eine Rechenmaschine – das endgültige Modell der „Pascaline“ wird 1642 fertig gestellt – und erkennt bei der Erforschung der Druckverhältnisse von flüssigen Stoffen die Möglichkeit, das Barometer als Instrument zur Höhenmessung zu benutzen. Seine intensive Beschäftigung mit Fragen der Kombinatorik und Wahrscheinlichkeitsrechnung führt 1654 zum „Pascalschen Dreieck“. Im Laufe seines Lebens wird Pascal immer mehr zum in klösterlicher Abgeschiedenheit lebenden, zutiefst in sich gekehrten Mystiker. Seine letzten Lebensjahre im Kloster Port-Royal in Paris sind v. a. von Askese und Meditation bestimmt, wo er nach einer längeren Krankheit im Jahre 1662 verstirbt. Pascal ist ein Kritiker der rationalistischen Philosophie

! Lebensdaten

1623 Geburt in Clermont
1642 Konstruktion einer Rechenmaschine namens „Pascaline“
1662 Tod in Paris
1669 posthume Veröffentlichung der *Pensées sur la religion*

Descartes', laut der die Vernunft alles erkennen kann. Das cartesianische „cogito ergo sum" wird von Pascal in seinen Schriften *Pensées sur la religion* und *Lettres Provinciales* nicht akzeptiert. Er sieht den Menschen vor zwei Abgründe gestellt: das Unendliche und das Nichts.

Blaise Pascal

Der Mensch ist laut Pascal selbst unendlich, kann aber das Unendliche nicht selbst erkennen. Da sich der Bereich der menschlichen Vernunft nur auf Endliches erstreckt, ist der Mensch auf die „Vernunft des Herzens" angewiesen. „Wir erkennen die Wahrheit nicht nur durch die Vernunft, sondern auch durch das Herz; in der Weise des letzteren kennen wir die ersten Prinzipien." Zu den ersten Prinzipien zählt Pascal z. B. die beiden Kategorien Raum und Zeit. Die Existenz Gottes kann von der Vernunft weder bewiesen noch widerlegt werden. Der Mensch soll an Gott glauben und beten, denn, wenn es einen Gott gibt, dann gewinnt er alles, gibt es jedoch keinen, dann verliert er nichts. Für Pascal existiert neben der Logik des Verstandes auch eine Logik des Herzens. „Das Herz hat seine Gründe, die der Verstand nicht kennt." Die letzte Aufgabe der Philosophie sieht Pascal darin, nicht wie Descartes die Vernunft auf ein Podest zu heben, das ihr nicht zusteht, sondern sich dem Glauben zu beugen. „All eure Einsichten können nur dahin gelangen zu erkennen, dass ihr in euch selber weder Wahrheit noch Heil finden werdet. Die Philosophen haben es versprochen, aber sie haben es nicht vollbringen können." In gewisser Weise nimmt Pascal mit seiner Forderung auf den Verzicht des Philosophierens Grundgedanken der modernen Philosophiekritik vorweg. Während Pascal seine Kritik an der Philosophie mit der Überlegenheit des Glaubens gegenüber der Vernunft begründet, bezieht sich dagegen die Kritik moderner Philosophen des 20. und 21. Jh. v. a. auf die Unzulänglichkeit der Sprache, die Realität abzubilden.

Spinoza
Einheit von Gott und Natur

Der bis heute bedeutendste Philosoph der Niederlande wird in einer jüdischen Kaufmannsfamilie geboren, die am Ende des 16. Jh.

von Portugal nach Holland geflohen war, um der gewaltsamen Katholisierung und der Verfolgung durch die Inquisition zu entgehen. In Amsterdam erlernt Spinoza die hebräische Sprache und wird in ihr Schrifttum eingeführt.

Benedictus de Spinoza

Um Zugang zu den zeitgenössischen Wissenschaften zu erlangen, lernt er auch Latein. Je mehr Wissen er sich aneignet, desto größer werden seine Zweifel an der Religion, in der er erzogen wurde. Spinoza bricht mit dem jüdischen Glauben. 1655 verhängt die jüdische Synagoge den großen Bannfluch über ihn. Nach seinem 1656 erfolgenden Ausschluss aus der jüdischen Gemeinde tritt Spinoza keiner anderen Glaubensgemeinschaft bei. Dies bringt ihm den gefährlichen Ruf als Atheist ein. In der Folgezeit lebt er an verschiedenen Orten in den Niederlanden, wobei er sich stets im Verborgenen hält, um sich ganz der Ausarbeitung seiner philosophischen Ideen widmen zu können. Zur Bestreitung seines Lebensunterhaltes lernt er, optische Linsen zu schleifen. Spinoza lebt zurückgezogen, doch er unterhält rege Briefwechsel mit vielen wichtigen Figuren der wissenschaftlichen Welt. Die Berufung an eine deutsche Universität lehnt er ab. Spinoza zieht es vor, in den liberalen Niederlanden zu bleiben. Spinozas Hauptwerk ist die *Ethik. In geometrischer Weise behandelt*, das er erst ganz kurz vor seinem Tod vollendet. Spinoza stirbt bereits im Alter von 44 Jahren an Lungentuberkulose.

! Lebensdaten

1632 Geburt in Amsterdam
1656 Ausstoßung aus der jüdischen Gemeinde
1670 *Theologisch-politischer Traktat*
1677 Tod in Haag; Veröffentlichung des Hauptwerkes *Ethik. In geometrischer Weise behandelt* sowie der Schriften *Politischer Traktat* und *Über die Vervollkommnung des Verstandes*

Spinozas Hauptwerk wird noch im Jahr seines Todes von Freunden herausgegeben. Den Ausgangspunkt des streng systematisch aufgebauten Werkes bildet Spinozas Substanzbegriff. Substanz ist bei Spinoza nicht Materie, sondern das Eine und Unendliche, das über allen Dingen steht. Die Substanz ist ewig, unendlich und aus sich selbst existierend.

Im Gegensatz zum persönlichen transzendenten Gott des jüdisch-christlichen Glaubens glaubt Spinoza an eine einzige göttliche Substanz, von der alles Seiende nur Attribut oder Zustand und willenlos abhängig ist. Gott und Natur werden in pantheistischer Form gleichgesetzt.

Gotthold Ephraim Lessing

Dies kann von der Kirche nicht akzeptiert werden, die zwar zugesteht, dass Gott mystisch erfahren werden kann, jedoch gleichzeitig darauf besteht, dass Gott zugleich über allen Dingen steht. Spinoza sagt jedoch nicht nur, Gott ist in allen Dingen, sondern auch „alles, was ist, ist in Gott“: Spinoza ist kein Atheist, doch er wird als solcher gebrandmarkt.

In seinem Denken ist kein Platz für einen persönlichen Gott oder für einen Gott, der sich lediglich in der Figur von Jesus Christus als Gottes Sohn offenbart.

Obwohl Spinozas Lehre von der Kirche scharf kritisiert wird, wirkt seine Religionskritik nicht nur auf die französische Aufklärung, sondern auch auf klassische deutsche Schriftsteller wie Johann Wolfgang von Goethe (1749–1832),

? Schon gewusst?

Religiöse und philosophische Systeme, in denen Gott und Natur gleichgesetzt werden, bezeichnet man häufig auch als pantheistisch. Der deutsche Philosoph Arthur Schopenhauer hat den Pantheismus einmal als „die vornehme Form des Atheismus“ bezeichnet. Wichtige Unterströmungen des Pantheismus sind einerseits die mystische Richtung, die den Schwerpunkt darauf legt, dass Gott durch die Seele erfahren werden kann und andererseits die von Denkern wie Spinoza vertretene so genannte immanent-transzendente Richtung, nach der sich Gott in den Dingen verwirklicht. Grundzüge pantheistischen Denkens durchziehen nicht nur die gesamte abendländische Philosophie, sondern sind auch in östlichen Religionen wie dem Taoismus und dem Buddhismus zu finden.

Gotthold Ephraim Lessing (1729–81) und Johann Gottfried Herder (1744–1803) sowie mit Friedrich Wilhelm Joseph Schelling (1775–1854), Georg Wilhelm Friedrich

Hegel (1770–1831) und Ludwig Feuerbach (1804–72) auch auf die klassische deutsche Philosophie. Zudem nimmt Spinoza als Atheist einen Ehrenplatz in der Vorgeschichte der marxistisch-leninistischen Philosophie ein.

Gottfried Wilhelm Leibniz

Widersprüchliche Welt der Monaden

! Lebensdaten

1646 Geburt in Leipzig
1663 Erwerb des Doktortitels an der Universität von Altdorf
1671–76 Diplomat in Paris
1676–1716 Geheimrat und Bibliothekar des Herzogs von Hannover
1710 *Theodizee*
1716 Tod in Hannover
1765 posthume Veröffentlichung von *Neue Versuche über den menschlichen Verstand*

Die reichhaltige Bibliothek seines Vaters, der als Professor für Ethik an der Universität Leipzig tätig ist, bildet den Ausgangspunkt für die umfangreichen Studien auf dem Gebiet der Mathematik, den Naturwissenschaften und der Philosophie, die Leibniz schon als Jugendlicher betreibt. Später studiert er in Leipzig Jura, Philosophie und Mathematik. 1663 vertieft er seine mathematischen Studien in Jena und erwirbt 1663 den Doktortitel an der Universität von Altdorf. Dort wird ihm eine Professur angeboten, die Leibniz jedoch ablehnt, um stattdessen Rat am Revisionsgericht in Frankfurt am Main zu werden. Während zahlreicher Reisen erweitert er sein enormes geistes- und naturwissenschaftliches Wissen. Auf Besuchen in England und Frankreich lernt Leibniz die Werke von Descartes und Pascal kennen. Von 1671–76 hält er sich als Diplomat in Paris auf, wo er die Grundlagen der Infinitesimalrechnung entwickelt. Anschließend steht Leibniz bis zum Ende seines Lebens als Geheimer Rat und Bibliothekar in den Diensten des Herzogs von Hannover. Zeitweise hält er sich während seines letzten Lebensabschnitts auch zu Studienzwecken in Italien auf.

Als Wissenschaftler sitzt Leibniz nicht im sprichwörtlichen Elfenbeinturm, sondern bemüht sich darum, für die Gesellschaft konkret nutzbare wissenschaftliche Erkenntnisse und Erfindungen zu liefern. Hierzu gehören die Entwicklung einer transportablen Uhr, einer Rechenmaschine sowie Vorschläge zur Einführung effektiverer Bergbaumethoden und zahlreiche weitere, konstruktive Anregungen auf dem wirtschaftlichen und sozialen Sektor.

Die Monadenlehre

Leibniz geht von der Einheit der Wissenschaften aus. Seine mathematischen und philosophischen Erkenntnisse beeinflussen sich wechselseitig.

Berühmtheit auf philosophischem Gebiet erlangt seine so genannte Monadentheorie. Die erste Fassung der Monadentheorie erfolgt

Gottfried Wilhelm Leibniz

1689 im *Discours de metaphysique.* Für Leibniz besteht die Materie aus unzähligen, in gewisser Weise „beseelten" Kraftpunkten. Monaden stellen nach seiner Ansicht unteilbare beseelte Bausteine von zusammengesetzten Körpern dar. Monaden sind Kraftpunkte, deren Wirkung jedoch nicht nach außen dringt.

„Die Monaden sind also die wahrhaften Atome der Natur und, mit einem Worte, die Elemente der Dinge." Monaden sind einerseits „fensterlos" und eigenständig, andererseits stehen sie mit allen anderen Monaden in einer Wechselbeziehung. Leibniz nimmt an, dass „jede Monade ein lebendiger, der inneren Tätigkeit fähiger Spiegel ist, der das Universum aus seinem Gesichtspunkt darstellt". „Fensterlos" bedeutet auch, wie bereits angedeutet, dass Monaden keine Einflüsse von außen wahrnehmen oder einen Einfluss auf die Außenwelt ausüben können. Jede Monade kennt den Zustand jeder anderen Monade, ohne sich dessen jedoch bewusst zu sein. Das harmonische Zusammenspiel der Monaden bezeichnet Leibniz auch mit dem Begriff der „prästabilisierten Harmonie". Ähnlich wie bei einem lebendigen Organismus die Zellen, schließen sich die Monaden zu „Aggregaten" zusammen, die durch eine „Zentralmonade" gesteuert werden. Zur Verdeutlichung des Begriffs der prästabilisierten Harmonie benutzt Leibniz das Bild von zwei Uhren, die das Verhältnis zwischen Körper und Seele symbolisieren. Wenn zwei Uhren fortlaufend absolut synchron laufen, kann diese Übereinstimmung mehrere Ursachen haben. Entweder sind beide Uhren durch eine technische Vorrichtung miteinander verbunden, oder es ist ein Mechaniker vorhanden, der die beiden Uhren fortlaufend synchronisiert. Leibniz schlägt jedoch noch eine dritte Möglichkeit vor: Die beiden Uhren sind so perfekt konstruiert, dass sie nicht voneinander abweichen können.

Es existiert eine von Gott als Schöpfer der beiden Substanzen Körper und Seele im Voraus geschaffene Harmonie, die „darauf hinausläuft, dass die Körper wirken, als wenn es gar keine Seelen gäbe, und dass die Seelen wirken, als wenn es gar keine Körper gäbe, und dass alle beide wirken, als wenn sie sich gegenseitig beeinflussten“. Leibniz' Weltanschauung, die auf der Idee einer von Gott voreingestellten Harmonie der Welt basiert, ist grundsätzlich optimistisch.
Er ist davon überzeugt, dass der Mensch „in der besten aller möglichen Welten“ lebt.

Voltaire

In seinem 1759 veröffentlichten satirischen Roman *Candide* hat Voltaire (1694–1778) eine bissige Antwort auf Leibniz' grenzenlosen Optimismus gegeben, indem er den Helden seiner Erzählung von einem Unglück ins nächste straucheln lässt und damit die Welt als „die schlechteste aller möglichen Welten“ darstellt. Auch Leibniz kann sich jedoch nicht gänzlich der Tatsache verschließen, dass es Übel auf der Welt gibt.
Leibniz unterscheidet, um dieses Problem in Einklang mit seiner Lehre von der besten aller möglichen Welten zu bringen, zwischen drei Arten von Übeln, dem metaphysischen, physischen und moralischen Übel.
Das metaphysische Übel existiert letztlich aufgrund der unvermeidlichen Endlichkeit unserer Welt. Wenn die von Gott geschaffene Welt endlich ist, können die von ihm geschaffenen Wesen nur unvollkommen sein. Das physische geht somit aus dem metaphysischen Übel hervor. Ähnlich verhält es sich mit dem moralischen Übel. Wenn Gott dem Menschen die Gabe der Freiheit verliehen hat, wird dieser in seiner Unvollkommenheit zwangsläufig nicht jederzeit sämtlichen moralischen Geboten folgen. Leibniz sieht den Menschen einerseits als frei an, andererseits lebt der Mensch jedoch in einer von Gott vorherbestimmten Welt.
Ein offensichtlicher Widerspruch, den Leibniz mit seiner doch sehr künstlich anmutenden Monadentheorie nicht überzeugend zu lösen vermag.

Thomas Hobbes
Der Staat als das kleinste Übel

! Lebensdaten

1588 Geburt in Malmesbury
1640 Flucht von England nach Frankreich
1651 *Leviathan*, Rückkehr nach England
1679 Tod in Hardwick

Hobbes wächst als Sohn eines Landvikars und einer Bauerntochter in einfachsten Verhältnissen auf und zeichnet sich schon bald durch hervorragende schulische Leistungen aus. Nach seinem Studium an der Universität von Oxford bereist Hobbes zunächst als Erzieher eines Adligen Frankreich und Italien.

Thomas Hobbes

Er macht u. a. die Bekanntschaft von Bacon, der sein philosophisches Denken stark beeinflusst, und fasst den Plan, das menschliche Verhalten nach materialistischen Prinzipien zu erklären und als Lehrmeister der Politik aufzutreten. 1640 flieht Hobbes nach dem Ausbruch der Revolution in England nach Paris. 1651 erscheint Hobbes' *Leviathan* mit dem er eine rationale Begründung der Staatstheorie liefert, die von den Royalisten abgelehnt wird. Eine von der Regierung Cromwell 1651 erlassene Amnestie veranlasst ihn, schließlich nach London zurückzukehren, um die noch ausstehenden Teile seiner *Grundzüge der Philosophie* fertigzustellen.

Trotz der nach 1660 einsetzenden Flut von Repressalien und Schmähschriften gegen Hobbes, verteidigt der englische Staatsphilosoph seinen materialistischen Standpunkt bis zu seinem Tod.

Hobbes' Werk trifft auf erbitterten Widerstand, da es in seiner Grundausrichtung materialistisch und atheistisch ist; zudem lehnt Hobbes auch die Willensfreiheit des Menschen kategorisch ab. Der Mensch ist laut Hobbes ein Egoist, der stets nach dem eigenen Vorteil handelt. Im Naturzustand, in dem alle von diesem Bestreben geleitet sind, herrscht folglich der „Krieg aller gegen alle". Ein Zustand, der für das dem Menschen innewohnende Sicherheitsbedürfnis auf Dauer nicht haltbar ist. Aus diesem Grund schafft sich der Mensch den Staat als übergeordnete Gewalt, der

Oliver Cromwell, Lordprotektor von England, 1653–58

Frieden und den Schutz von Eigentum garantieren soll. Der Staat ist das Produkt eines Gesellschaftsvertrages, in dem alle Mitglieder des Staates sich bereit erklären, sich dem übergeordneten Staatswillen zu unterwerfen. Die höchste Staatsgewalt kann eine Person oder ein Parlament sein. Ihre Macht ist auf jeden Fall unumschränkt, unveräußerlich und unteilbar.

Hobbes vergleicht den Staat mit dem biblischen Leviathan als Symbol einer unüberwindlichen Macht. Im alten Testament ist der Leviathan ein im Meer lebendes Schlangenmonster. Der Mensch hat nur die Wahl zwischen zwei Übeln, Anarchie oder bedingungslose Unterwerfung unter die staatliche Ordnung. Die oberste Pflicht für den Inhaber der Staatsgewalt ist das Wohl des Volkes. Die Kirche ist dem Staat untergeordnet. Religion und Aberglauben unterscheiden sich bei Hobbes nur dadurch, dass erstere vom Staat anerkannt wird, während der Aberglauben vom Staat nicht akzeptiert wird.

Hobbes geht von einem grundsätzlich negativen Menschenbild aus. Die Menschen verhalten sich wie Wölfe zueinander – „homo homini lupus est“. Durch den Staat werden sie lediglich in Zaum gehalten. Sein *Leviathan* gilt als Klassiker der modernen Staatsphilosophie, in dem die von den Scholastikern vertretene göttliche Staatsordnung überwunden wird. Die Staatsgründung ist das Produkt einer pragmatischen Entscheidung, womit den Machtansprüchen der Kirche jegliche Grundlage entzogen wird.

John Locke
Erster große Empiriker

Der Begründer des englischen Empirismus, der die Erfahrung als Grundlage der menschlichen Erkenntnis ansieht, besucht als Sohn eines Jesuiten zunächst die Westminsterschule und studiert anschließend am Oxford College. Unzufrieden mit den Beiträgen der scholastischen Philosophie, wendet er sich den Schriften von Descartes zu und betreibt überwiegend medizinische und naturwissenschaftliche Studien. Nach dem Abschluss seines Studiums erhält Locke ein Lehramt in Oxford. 1671 beginnt Locke mit der Ausarbeitung seines philosophischen Hauptwerkes *Versuch über den menschlichen Zustand*, das erst knapp zwei Jahrzehnte später veröffentlicht wird. Locke lebt zwischenzeitlich in Frankreich und Holland und kehrt nach der glorreichen Revolution von 1688 nach England zurück, wo er ein Staatsamt übernimmt. Ab 1691 bis zu seinem Tod lebt er überwiegend auf dem Land, wo er eine Vielzahl von philosophischen Schriften verfasst.

! Lebensdaten

1632 Geburt in Wringfon bei Bristol
1690 *An Essay Concerning Human Understanding, Two Treaties of Government*
1695 *The Reasonableness of Christianity*
1704 Tod in Oates, Essex

Laut Locke ist der menschliche Verstand bei der Geburt eine „tabula rasa“, ein leerer Tisch. Nichts befindet sich im Verstand, was nicht vorher in den Sinnen gewesen ist. Der Erfahrung kommt folglich eine entscheidende Rolle zu, die sich aus zwei Quellen speist. Einerseits über die äußere Sinneswahrnehmung und andererseits über die innere Selbstwahrnehmung.

John Locke

Die aus diesen beiden Quellen entstehenden Erfahrungen können entweder einfach oder komplex sein.

Staatsphilosophie

Von diesen Grundlagen ausgehend errichtet Locke das Gedankengebäude seiner Staatsphilosophie. Ähnlich wie bei Hobbes taucht auch in Lockes Staatsphilosophie die Idee des Gesellschaftsvertrages auf. Locke denkt jedoch weniger radikal als Hobbes. Auch bei ihm sind im Naturzustand alle Menschen gleich. Sie sind jedoch keine Wilden wie bei Hobbes, sondern es existiert bereits ein Naturgesetz, das der scholastischen Idee eines natürlichen Sittengesetzes entspricht. Auch im Hinblick auf das Verhältnis von Glauben und Vernunft stellt sich Locke nicht in Widerspruch zu den Scholastikern. Für ihn existieren drei Arten von Gesetzen: das göttliche Gesetz, das dem Menschen unmittelbar von Gott auferlegt wurde; das bürgerliche Gesetz, das der Mensch vom Staat empfängt, und das Ge-

setz der öffentlichen Meinung, das von ihm auch als philosophisches Gesetz bezeichnet wird. Es bezieht sich auf die Meinung, die tugend- oder lasterhaftes Handeln in der Öffentlichkeit hervorruft.
Es existiert zwar ein Naturgesetz, doch einzelne Menschen verstoßen gegen dieses und gefährden damit den gesellschaftlichen Frieden. Zum Zweck der Friedenserhaltung schließen die Menschen sich im Rahmen eines Gesellschaftsvertrages zusammen. Das Recht der Gesetzgebung, der exekutiven und der richterlichen Gewalt wird an eine übergeordnete Instanz vergeben. Um der Gefahr einer absoluten Herrschaft entgegenzuwirken, gilt das Prinzip der Gewaltenteilung. Falls der Herrscher die Gesetze verletzt, hat das Volk das Recht, ihn durch Revolution zu stürzen.

Privateigentum

Im Rahmen seiner Staatsphilosophie liefert Locke einen wichtigen Beitrag zur Rechtfertigung des Privateigentums. Im Naturzustand existiert noch kein Privateigentum. Indem der Mensch durch Arbeit der Natur Güter abgewinnt, schafft er sich ein Recht auf privates Eigentum. Da jeder jedoch zunächst nicht mehr Güter ansammeln kann, als für den eigenen Verbrauch notwendig sind, entstehen vorläufig keine größeren Besitztümer. Mit der Einführung des Geldes ändert sich dies, da es nun möglich ist, mehr Besitztum zu haben, als man verbrauchen kann. Die Einführung des Geldes ist ein Vorgang, der mit allgemeinem Einverständnis der Mitglieder des Staatsvertrages erfolgt. Folglich ist auch die Entstehung von größeren Besitztümern und die ungleiche Verteilung von Besitz innerhalb der Gesellschaft gerecht.

Voltaire
Gläubiger Kirchenfeind

! Lebensdaten

1694 Geburt in Paris
1718 *Ödipus*
1723 *Henriade*
1726–29 Aufenthalt in England
1734–44 Aufenthalt in Lothringen
1738 *Anfangsgründe von Newtons Philosophie*
1750–53 Aufenthalt in Preußen
1759 *Candide oder der Optimismus*
1764 *Philosophisches Wörterbuch*
1758–78 Gutsherr auf dem französischen Gut Ferney
1778 Tod in Paris

Voltaire wächst zwar in einer streng katholischen Familie auf, doch kommt er schon als Jugendlicher mit liberal gesinnten Freigeistern in Berührung. In seiner Tragödie *Ödipus* (1718) und dem Epos *Die Henriade* (1723) äußert er scharfe Kritik am Christentum und der Institution der Kirche. 1726–29 hält sich Voltaire in England auf, nachdem er aus Frankreich fliehen muss.

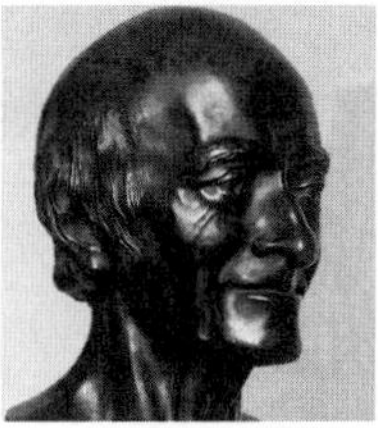

Der alte Voltaire

Er ist einerseits ein begeisterter Anhänger des von Newton entworfenen materialistischen, physikalischen Weltbildes, das er in seinem Werk *Anfangsgründe von Newtons Philosophie*, 1738 darstellt, andererseits jedoch auch Deist, also kein reiner Materialist. Nach seiner erneuten Verbannung aus Paris lebt Voltaire 1734–44 in Lothringen und verfasst überwiegend kirchenkritische und historische Schriften. Voltaire bemüht sich 1744–50 um eine Annäherung an den französischen Hof, die jedoch scheitert. 1750–53 hält er sich in Preußen auf. Ab 1758 lebt er als freier Grundherr auf dem Gut Ferney an der Grenze zur Schweiz, wo er einen erbittert geführten publizistischen Feldzug gegen die Kirche beginnt. Das umfangreiche literarisch-philosophische Werk Voltaires bietet im Grunde kaum Ideen, die nicht zuvor schon von anderen Denkern geäußert worden sind. Trotzdem ist es bedeutsam, da Voltaire über ein großes schriftstellerisches Talent verfügt und viele Ideen besser formuliert als ihre jeweiligen geistigen Väter. Zu seinen herausragenden literarischen Leistungen gehört die 1759 anonym von ihm veröffentlichte Novelle *Candide oder der Optimismus*, die eine einzige grimmige Verspottung der Leibnizschen Idee von der „besten aller Welten“ darstellt.

Die Erzählung handelt von dem arglosen jungen Candide, der auf der Suche nach einem von ihm geliebten Mädchen zahlreiche groteske Abenteuer erlebt und immer wieder zum Opfer von bösen Schurken sowie einer Kette von unglücklichen Zufällen wird.

Als Anhänger des aufgeklärten Absolutismus gehört Voltaire eine Zeit lang zum Mitarbeiterstab der *Encyclopédie*, einem 28 Bände umfassenden Nachschlagewerk, in dem das gesamte Wissen der Zeit als fundamentaler Beitrag zur Aufklärung gesammelt ist. Im *Philosophischen Wörterbuch*, 1764, findet er ebenso treffende wie elegante Formulierungen für eine Vielzahl von philosophischen Begriffen. Berühmt wird sein kühner Kampfspruch „Zerschlagt die Infame!“, der sich gegen die Institution der Kirche aller Konfessionen richtet, über die Voltaire schreibt: „Durch welches Recht könnte ein zur Selbstbestimmung geschaffenes Geschöpf ein anderes Wesen zwingen, so zu denken wie es selbst?“

! Deismus

Der in England seit der Aufklärung entstandene Deismus, mit dem Voltaire bei seinem dortigen Aufenthalt erstmals in Berührung kommt, geht davon aus, dass die Welt zwar von Gott geschaffen wurde, dieser jedoch anschließend keinerlei Eingriffe mehr an seiner Schöpfung vornimmt. Die Deisten glauben folglich weder an die biblischen Wunder noch an die Entsendung des Gottessohnes auf die Erde. Ein weiterer wichtiger französischer Vertreter des Deismus ist neben Voltaire Jean-Jaques Rousseau (1712–1778).

Trotzdem ist Voltaire alles andere als ein Atheist. Die Existenz einer Religion, die den Menschen zur Vernunft bringt und moralisch leitet, sieht er als unbedingt notwendig an: „Wenn Gott nicht existierte, müsste man ihn erfinden; aber die ganze Natur ruft uns zu, dass er existiert.“ In dieser Aussage kommt zugleich die deistische Weltanschauung Voltaires zum Ausdruck. Voltaires Bedeutung für die Geschichte der Philosophie liegt v. a. darin, dass sein Denken kein bloßes abstraktes Theoretisieren darstellt, sondern, wie er selbst sagt, stets auf soziale Veränderungen gerichtet ist: „Der wahre Philosoph denkt, um zu verändern.“

David Hume
Philosoph des gesunden Menschenverstandes

! Lebensdaten

1711 Geburt in Edinburgh, Schottland
1739–40 *Abhandlung über die menschliche Natur*
1748 *Untersuchung über den menschlichen Verstand*
1776 Tod in Edinburgh

Als Sohn eines schottischen Landadligen studiert Hume an der Universität von Edinburgh Jura. Sein Interesse gilt jedoch der Philosophie. 1734–37 unternimmt er eine Studienreise nach Frankreich. 1739 erscheint seine *Abhandlung über die Natur des Menschen*, die allerdings zunächst kaum Beachtung findet. Bekannt wird Hume mit seinen 1741/42 erscheinenden *Moralisch-politischen Essays.*

Die von Hume geäußerten liberalen Ansichten werden von kirchlichen Kreisen zum Anlass genommen, seine Bewerbung an der Universität von Edinburgh abzzulehnen.

David Hume

Nach Reisen durch verschiedene europäische Länder veröffentlicht Hume 1748 sein Hauptwerk *Eine Untersuchung über den menschlichen Verstand*, die eine allgemeinverständliche Bearbeitung des ersten Teils der *Abhandlung über die Natur des Menschen* darstellt. 1752–57 ist Hume als Bibliothekar an der Universität von Edinburgh tätig. 1752 beginnt er das umfangreiche Werk *Die Geschichte Großbritanniens*, das er nach zehnjähriger Arbeit beendet. 1763–66 ist Hume als Sekretär an der englischen Botschaft in Paris tätig, wo er intensive Beziehungen zu den Enzyklopädisten unterhält.

1767 wird Hume Unterstaatssekretär im Auswärtigen Amt. 1769 kehrt er nach Edinburgh zurück, wo er bis zu seinem Tod bleibt.

Erkenntnistheorie

Hume vertritt in seinem Werk eine Philosophie des gesunden Menschenverstandes.

Er ist ähnlich wie Locke ein erklärter Empiriker. Jegliches Wissen entstammt seiner Ansicht nach der Erfahrung. Sein Grundanliegen besteht darin, „in die Wissenschaft vom Menschen die empirischen Untersuchungsmethoden einzuführen". Zugleich ist er ein großer Skeptiker.

Der Glaube an eine „äußere" Welt lässt sich nicht durch die Erfahrung beweisen. Erfahrungen bestehen aus Bewusstseinsinhalten *(perceptions)*, die sich in zwei Kategorien aufteilen lassen: Eindrücke *(impressions)* und Vorstellungen *(ideas)*.

Eindrücke sind sämtliche Sinneswahrnehmungen sowie innere Gefühle. Vorstellungen sind dagegen Bilder von Gegenständen und Handlungen sowie abstrakte Ideen, die aufgrund der menschlichen Fähigkeit zur Einbildungskraft *(imagination)* entstehen.

Die einzig fassbare Realität ist für Hume das menschliche Bewusstsein.

Er kommt zu dem Schluss, dass „die Betrachtung der menschlichen Blindheit und Schwäche das Ergebnis aller Philosophie" ist. Er gelangt zu einem solch radikalen Urteil, da er das Gesetz der Kausalität ablehnt. Der Mensch verknüpft die Gegenstän-

de seiner Erfahrung nach den Prinzipien von Ursache und Wirkung. Diese Prinzipien sind jedoch nach Humes Ansicht ein Produkt des menschlichen Geistes und gehören nicht notwendigerweise zum Wesen der Dinge: „Alle Denkakte, die Tatsachen betreffen, scheinen sich auf die Beziehungen zwischen Ursache und Wirkung zu gründen."
Die Einsicht in die wahren Ursprünge und Ursachen aller Vorgänge bleiben dem menschlichen Verstand jedoch verborgen.
Hume leugnet somit die Erkennbarkeit objektiver Gesetze in Natur und Gesellschaft. Auch die

Jeremias Bentham, Begründer des Utilitarismus

Religion lehnt Hume ab, da er ihre Entstehung auf die Furcht und den Hoffnungsglauben des Menschen zurückführt.

Staatsphilosophie

Hume lehnt die Theorie vom Gesellschaftsvertrag ab. Er befürwortet die auf dem Prinzip der Gewaltenteilung beruhende konstitutionelle Monarchie, die seiner Ansicht nach der natürlichen Eigenart des Menschen am besten entspricht.

! Utilitarismus

Mit Utilitarismus wird in der Ethik ein Standpunkt bezeichnet, der das menschliche Handeln in erster Linie unter dem Aspekt des Nutzens für den Einzelnen und die Gesellschaft betrachtet. Begründet wird der Utilitarismus von Jeremias Bentham (1748–1832), nach dem „das größte Glück der größten Zahl" angestrebt werden muss.

Hume geht von einem utilitaristischen Ansatz aus. Das Individuum unterwirft sich einer staatlichen Ordnung, weil es, auch wenn gewisse Nachteile in Kauf zu nehmen sind, insgesamt den größeren Nutzen daraus zieht.

Jean-Jacques Rousseau
„Zurück zur Natur"

Rousseau eignet sich seine Bildung als Sohn eines Uhrmachers im Selbststudium an. Seine Persönlichkeit ist schon früh durch einen starken Hang zum Abenteuerlichen und Geheimnisvollen geprägt. Bereits mit 16 Jahren begibt er sich 1728–41 auf Wanderschaft, die ihn von Genf über Italien nach Paris führt.

! Lebensdaten

1712 Geburt in Genf
1762 *Emile oder über die Erziehung, Der Gesellschaftsvertrag*
1771–88 *Bekenntnisse*
1778 Tod in der Nähe von Paris

Dort erlebt er die großen sozialen Gegensätze und die Unterdrückung des Volkes, die in ihm einen enormen Hass wecken, den sein „Herz seitdem gegen die Plagen, denen man das unglückliche Volk unterwirft, und gegen seine Bedrücker genährt hat".
Die meiste Zeit seines Lebens verbringt er in Frankreich, wo er 1750 die preisgekrönte Schrift *Abhandlung über die Frage: Hat der Fortschritt der Wissenschaften und Künste zur Veredelung der Sitten beigetragen?* veröffentlicht.

Der Staatsvertrag

Rousseau legt dar, dass mit dem Fortschreiten der Kultur der Verfall der Sitten unaufhörlich vorangeschritten ist, wobei die Stimme der Natur und der Vernunft nicht mehr gehört werde. Was aus den Händen des Schöpfers kommt, ist gut, was in die Hände des Menschen gerät, degeneriert. Deshalb lautet Rousseaus zentrale Forderung: „Zurück zur Natur!" Der Mensch ist von Natur aus frei geboren, doch „überall liegt er in Ketten". Die herrschende Ungleichheit lässt sich nur mittels eines Gesellschaftsvertrages *(contrat social)* beseitigen, in dem die einzelnen Menschen zu einem „Gesamtwillen" (*volonté genérale)* vereinigt werden.

Jean-Jacques Rousseau

„Jeder von uns unterstellt der Gemeinschaft seine Person und alles, was sein ist, unter der höchsten Leitung des Gemeinwillens." Indem sich der Einzelne dem Gesamtwillen unterordnet, garantiert er die Freiheit und Gleichheit aller übrigen Mitglieder der Gesellschaft.
Aus der Idee des Gesellschaftsvertrages erfolgt das Prinzip der Volkssouveränität. Gesetze kön-

nen nur dann gültig sein, wenn sie in Übereinstimmung mit dem gesellschaftlichen Gesamtwillen stehen. Der Volkswille äußert sich in Gesetzen, die durch die Exekutive ausgeführt werden.

„Man sieht sofort ein, dass man weder länger zu fragen braucht, wem die Gesetzgebung zusteht – denn sie besteht in den Akten des Allgemeinwillens – noch ob der Regierungsführer über den Gesetzen steht – denn er ist Mitglied des Staates – noch ob das Gesetz ungerecht sein kann – denn niemand ist ungerecht gegen sich selbst – noch wie man zugleich frei und doch den Gesetzen unterworfen ist – denn sie sind nur Register unserer Willensentscheidung."

Erziehung

Rousseaus große Bedeutung liegt darin, dass er die Grundlagen der Aufklärung infrage stellt. Er glaubt nicht an die Allmacht der menschlichen Vernunft und die Idee des Fortschritts betrachtet er als Illusion. Für ihn liegt das Ursprüngliche des Menschen nicht in der Vernunft, sondern im Gefühl. Das ganze Werk Rousseaus ist von dem Vorrang des Gefühls gegenüber der Vernunft geprägt. Auch seine Erziehungstheorie geht davon aus, dass der Mensch über grundsätzlich gute natürliche Anlagen verfügt, die jedoch unter dem Einfluss der Gesellschaft verkümmern. In seinem berühmten pädagogischen Werk *Emile oder über die Erziehung* schlägt er vor, dass Kinder durch ihre Erfahrungen lernen sollen, wobei sich die Erziehung der kindlichen Entwicklung anzupassen hat.

Immanuel Kant
Die Grenzen der Vernunft

Kant, der mit seiner *Kritik der reinen Vernunft* eines der wichtigsten Werke der gesamten Philosophiegeschichte verfasst hat, stammt ursprünglich aus einer einfachen Handwerkerfamilie.

Immanuel Kant

Nach dem Studium der Mathematik, Philosophie und Theologie arbeitet er als Hauslehrer und ist ab 1770 Professor für Logik und Metaphysik an der Universität Königsberg. Im Hinblick auf sein philosophisches Denken werden für gewöhnlich zwei Perioden unterschieden: die vorkritische, die bis Anfang der 1770er-Jahre dauert, und die kritische, die ihren Ausdruck in den drei philosophischen Hauptwerken *Kritik der reinen Vernunft* (1781), *Kritik der praktischen Vernunft* (1788) und *Kritik der Urteilskraft* (1788) findet. Das Leben Kants verläuft ausgesprochen unspektakulär. Die Mauern seiner Heimatstadt Königsberg verlässt Kant im Verlauf seines gesamten Lebens nur

! Lebensdaten

1724 Geburt in Königsberg
1770 Dissertation über *Die Form und die Prinzipien der sinnlichen und der intelligiblen Welt*
1775 *Von den verschiedenen Rassen der Menschen*
1781 *Kritik der reinen Vernunft*
1783 *Prolegomena zu einer jeden künftigen Metaphysik, die als Wissenschaft wird auftreten können*
1785 *Grundlegung zur Metaphysik der Sitten*
1788 *Kritik der praktischen Vernunft*
1790 *Kritik der Urteilskraft*
1793 *Die Religion innerhalb der Grenzen der bloßen Vernunft*
1797 *Die Metaphysik der Sitten in zwei Teilen*
1798 *Der Streit der Fakultäten*
1804 Tod in Königsberg

äußerst selten. Kant führt das typische zurückgezogene Leben eines deutschen Gelehrten und stirbt 1804 in Königsberg. Seine letzten Worte lauten: „Es ist gut." Das große Verdienst Kants besteht darin, in seinem philosophischen Werk zu zeigen, dass die vom Menschen wahrgenommene Welt auf Eigenschaften des Geistes des Wahrnehmenden beruht und nicht einfach unabhängig vom Menschen existiert. Wenn wir die Welt wahrnehmen, ist dies nach Kant kein passiver Prozess, sondern wir belegen unsere Erfahrungen zwangsläufig mit gewissen Eigenschaften.

Um überhaupt Erfahrungen machen zu können, müssen wir die Welt so erfahren, dass sie Beziehungen von Ursache und Wirkung enthält, dass sie in der Zeit geordnet ist und dass die von uns wahrgenommenen Gegenstände in einer räumlichen Beziehung zueinander stehen.

Die von uns getragene „Brille" färbt unsere Wahrnehmung, wobei es nicht möglich ist, die Brille einfach abzunehmen. Denn ohne die stets präsente Brille sind wir nicht in der Lage, überhaupt Dinge wahrzunehmen.

Kritik der reinen Vernunft

Kants erstes Hauptwerk ist ein Angriff auf die Idee, dass der Mensch allein mit den Mitteln der Vernunft die wahre Natur der Realität entdecken kann. Die zentrale Frage, die Kant stellt, lautet: „Wie sind synthetische Urteile a priori möglich?“ Das bedeutet, Kant sucht nach einer Grundlage für Urteile, die nicht aus der Erfahrung (a posteriori) stammen.

Critik
der
reinen Vernunft
von
Immanuel Kant,
Professor in Königsberg,
der Königl. Academie der Wissenschaften in Berlin
Mitglied.
Neueste Auflage.
Frankfurt und Leipzig
1794.

Titelseite der Kritik der reinen Vernunft *von Immanuel Kant*

Kants Antwort lautet: „Die Erkenntnis richtet sich nicht nach den Gegenständen, sondern die Gegenstände nach der Erkenntnis.“ Dieser Standpunkt wird als transzendentaler Idealismus bezeichnet, der sowohl den Rationalismus als auch den Empirismus aufhebt. Der Mensch kann zu keinerlei gesicherten Antworten gelangen. Er ist nicht in der Lage, hinter die Kulissen der sichtbaren Wirklichkeit zu blicken. Dies zeigt sich beispielsweise beim Problem der Freiheit. Es lassen sich gleichermaßen überzeugende Gründe dafür anführen, dass der Mensch frei ist, wie dafür, dass er unfrei ist. Ähnlich verhält es sich mit anderen metaphysischen Problemen wie der Frage nach Gott und der Unsterblichkeit der Seele. Mithilfe der Vernunft lassen sich laut Kant diese Fragen nicht beantworten. Er spricht von einem „wahren Abgrund für die menschliche Vernunft“. Der Mensch strebt danach, die Grenzen seiner Erkenntnis zu erweitern, doch er wird immer wieder auf den einzig sicheren Ort des Wissens – die Erfahrung – zurückgeworfen.

Kategorischer Imperativ

In seiner *Kritik der praktischen Vernunft* setzt Kant sich mit dem Problem, wie der Mensch tugendhaft handeln soll, auseinander. Die Grundlage der kantischen Ethik ist die Autonomie des menschlichen Willens.

Die Autonomie des Willens ist das alleinige Prinzip aller moralischen Gesetze und der ihm gemäßen Pflichten. Im menschlichen Willen liegt ein Sollen, das er mittels der Vernunft wahrnimmt. Dieses grundsätzliche Sollen bezeichnet Kant als den kategorischen Imperativ. Er lautet: „Handle stets so, dass die Maxime deines Willens jederzeit zugleich als Prinzip einer allgemeinen Gesetzgebung gelten könne." Kant leitet mit seiner Philosophie in mehrfacher Hinsicht eine Wende in der Geschichte der Philosophie ein. Der Dualismus zwischen Körper und Geist, Empirismus und Rationalismus wird aufgehoben und die Grenzen der menschlichen Erkenntnis werden aufgezeigt. Der Mensch ist ein freies, vernunftbegabtes, autonomes Wesen. An diesen Gedanken Kants orientiert sich nicht nur die Aufklärung, sondern die gesamte nachfolgende Philosophie, die durch den großen Erkenntniskritiker aus Königsberg in der Folgezeit auch komplizierter wird. Schon Kants Zeitgenossen haben teilweise große Probleme, den komplizierten Gedankengängen seines Werkes zu folgen. In der zweiten Auflage zur *Kritik der reinen Vernunft* ist aus diesem Grund ein Vorwort enthalten, in dem sich Kant bemüht, seine zentralen Ideen in allgemeinverständlicher Form darzustellen. Die weitere Geschichte der Philosophie des 19. Jh. stellt in erster Linie den Versuch dar, die Gedanken Kants zu verstehen, zu übernehmen oder zu bekämpfen. Mit Kant verliert die Philosophie den letzten Rest von Naivität, der ihr vorher noch anhaftete. Die von Kant aufgezeigten Grenzen der menschlichen Erkenntnis wird keiner der nachfolgenden großen Philosophen gänzlich ignorieren können.

Johann Gottfried Herder

Erziehung zur Humanität

Herder erhält als Sohn eines Kantors, obgleich seine Familie nicht sehr wohlhabend ist, eine ordentliche Schulbildung und beginnt anschließend ein Studium an der theologischen Fakultät der Universität Königsberg.

Johann Gottfried Herder

Insbesondere Kant übt einen starken Einfluss auf ihn aus. 1764 wird er als Lehrer nach Riga berufen, wo er zahlreiche Schriften verfasst. 1769 geht er nach Paris wo er u. a. mit Denis Diderot (1713–84) bekannt wird.

Diderot war Mitherausgeber der *Enzyklopädie*, eines 20 Bände umfassenden Wörterbuches der Wissenschaften und Künste. 1770 begegnet Herder in Straßburg Johann Wolfgang von Goethe. Anschließend verfasst er 1771 die für die spätere Sprachwissenschaft bedeutende Schrift *Über den Ursprung der Sprache* und findet eine Anstellung als Oberprediger in Bückeburg.

Denis Diderot

Auf Empfehlung Goethes kommt Herder 1776 als Oberprediger und Generalsuperintendent nach Weimar, wo er bis zu seinem Tod bleibt. Im Gegensatz zu Kant und der Aufklärung, die den Schwerpunkt auf die Vernunft legen, betont Herder in seinem Werk den Wert des Gefühls und der unmittelbaren Erfahrung. Bewusstsein und Sprache stören seiner Ansicht nach die ursprüngliche Einheit des Menschen mit der Welt. Die Werke Kants bezeichnet Herder als „öde Wüsten voller Hirngeburten und in anmaßendstem Wortnebel". Herders Sprachphilosophie sowie seine Volksliedsammlung *Stimmen der Völker in Liedern* (1778/79) machen auf jene Völker aufmerksam, die ihre traditionelle Kultur bewahrt und ihre ursprüngliche Sprachkraft noch nicht verloren haben. In seinem komplexen philosophischen Werk bemüht

! Lebensdaten

1744 Geburt in Mohrungen
1764 Berufung als Lehrer nach Riga
1769 Aufenthalt in Paris
1770 Begegnung mit Goethe in Straßburg
1771–76 Oberprediger in Bückeburg
1772 *Über den Ursprung der Sprache*
1774 *Auch eine Philosophie der Geschichte zur Bildung der Menschheit*
1776–1803 Oberprediger und Generalsuperintendent in Weimar
1778–79 *Stimmen der Völker in Liedern*
1784–91 *Ideen zur Geschichte der Philosophie der Menschheit*
1793–97 *Briefe zur Beförderung der Humanität*
1799 *Verstand und Erfahrung, Vernunft und Sprache, eine Metakritik zur Kritik der reinen Vernunft*
1803 Tod in Weimar

sich Herder darzulegen, wie allem Sein und Geschehen ein höchster Zweck innewohnt. In der Geschichte entwickelt sich ebenso wie in der Natur alles gewissen natürlichen Gesetzen folgend. Das Fortschrittsgesetz der Geschichte basiert auf dem Fortschrittsgesetz der Natur. Der Fortschritt der Geschichte ist durch eine Entwicklung hin zu einer immer größeren Humanität geprägt. Die Freiheit des Menschen bedingt allerdings die Notwendigkeit, die Humanität erst durch Erziehung zu erwerben.

Johann Gottlieb Fichte

Begründer des deutschen Idealismus

Fichte wächst als Sohn eines Bandwebers in äußerst bescheidenen Verhältnissen auf. Durch die zeitweise finanzielle Unterstützung eines Gutsherrn erhält er die Möglichkeit, die höhere Schule zu besuchen. Er beginnt zunächst in Jena und dann in Leipzig ein Theologiestudium, das er jedoch aufgrund finanzieller Probleme nicht beenden kann. Über ein Jahrzehnt lang arbeitet er als Hauslehrer und lernt auf der Suche nach einer angemessenen Position die sozialen Nöte des einfachen Volkes kennen. 1791 trifft er Kant in Königsberg, der daraufhin sein Werk *Versuch einer Kritik aller Offenbarung* veröffentlichen lässt, das ihn zum berühmten Philosophen macht. 1793 veröffentlicht Fichte zwei anonyme Schriften, in denen er sich zu den Idealen der französischen Revolution bekennt. 1794 wird Fichte Professor für Philosophie an der Universität Jena.

Johann Gottlieb Fichte

1799 gerät Fichte in den so genannten Atheismusstreit. Fichtes Gleichsetzung der Gottesidee mit einer moralischen Weltordnung führt dazu, dass er sein Lehramt verliert. 1805 erhält er jedoch wieder eine Professur in Erlangen. 1806 bereitet Fichte in Königsberg die berühmten *Reden an die deutsche Nation* vor, die er 1807 im von den Franzosen besetzten Berlin hält.

1809 wird Fichte Professor für Philosophie in Berlin und 1811/12 der erste demokratisch gewählte Rektor der Berliner Universität. 1813 nimmt er an Wehrübungen gegen die napoleonischen Truppen teil, bei denen er

sich mit einer Seuche – vermutlich Typhus – infiziert, an der er 1814 stirbt.
Fichte betreibt die Philosophie nicht als Weltanschauung, sondern als Bekenntnis zur Freiheit in Zeiten der Unterdrückung des deutschen Volkes: „Mein System ist das erste System der Freiheit; wie jene Nation von den äußeren Ketten den Menschen losreißt, so reißt mein System ihn von den Fesseln der Dinge an sich, des äußern Einflusses los."
Der erkenntnistheoretische Ausgangspunkt von Fichtes Philosophie ist das Ich. Alles, was existiert, ist nach seiner Auffassung eine alleinige Schöpfung des Ich-Bewusstseins.
Mit diesem Gedanken, der in seiner „Wissenschaftslehre" zu finden ist, wird Fichte zum führenden Vertreter des deutschen Idealismus, die auch als „deutsche Philosophie" bezeichnet wird. Am Anfang dieses Werkes steht das sich selbst denkende Ich –

Johann Gottlieb Fichte am Stehpult

Napoleon I. (Gemälde von Jean Auguste Dominique Ingres)

„Ich bin ich." Zugleich ist das Ich auch denkbar als Antithese – „Nicht-Ich". Das „Ich" steht in einer Wechselbeziehung zum „Nicht-Ich", die zur Einheit der beiden führt, die als das „Ideal des Bewusstseins" bezeichnet wird. In ihm drückt sich das Streben des Menschen nach Selbstverwirklichung aus, die jedoch nur im Rahmen der Gemeinschaft möglich ist.
Unter dem Eindruck der Herrschaft Napoleons I. (1769–1821) ändern sich Fichtes politische und philosophische Überzeugungen im Laufe seines Lebens. Während er zunächst ein großer Verfechter der Idee der Freiheit des Individuums ist, behauptet er in seinen *Reden an die deutsche Nation*, dass es ein Recht des Stärkeren gebe und nur das deutsche Volk in der Lage sei, Europa den Weg

in Frieden und Freiheit weisen zu können. Er bewundert sehr wohl die Errungenschaften der Französischen Revolution, bleibt jedoch zeitlebens ein konsequenter Gegner Napoleons, über den er in seinen Berliner Reden sagt: „Er wäre der Wohltäter und Befreier der Menschheit geworden, wenn auch nur eine leise Ahnung ihrer sittlichen Bestimmung in seinen Geist gefallen wäre. Jetzt ist er eine Rute in der Hand Gottes; aber freilich nicht dazu, dass wir den entblößten Rücken hinhalten, [...] sondern um dieselbe zu zerbrechen."

! Lebensdaten

1762 Geburt in Rammenau
1792 *Versuch einer Kritik aller Offenbarung*
1793 *Zurückforderung der Denkfreiheit von den Fürsten Europens, die sie bisher unterdrückten*; *Beiträge zur Berichtigung der Urteile des Publikums über die französische Revolution*
1794 Professor für Philosophie an der Universität Jena; *Über den Begriff der Wissenschaftslehre oder der so genannten Philosophie*; *Grundlage der gesamten Wissenschaftslehre*
1798 *Sittenlehre*; *Über den Grund unseres Glaubens an eine göttliche Weltregierung*
1799 Entzug des Lehramtes
1800 *Vorlesungen über die Bestimmung des Menschen*
1805 Professor für Philosophie in Erlangen
1806 *Anweisungen zum seligen Leben, oder auch die Religionslehre*
1807 Fichte hält in Berlin seine *Reden an die deutsche Nation*
1809 Professor für Philosophie in Berlin
1811/12 Rektor der Berliner Universität
1814 Tod in Berlin

Georg Wilhelm Friedrich Hegel

Der Mensch als Werkzeug des Weltgeistes

Nach dem Abschluss seines Theologiestudiums wird Hegel zunächst Hauslehrer bei einer Berliner Familie. Er beschäftigt sich intensiv mit der Philosophie Kants und arbeitet an einer Kritik der herrschenden christlichen Religion und Kirche. Nach einer weiteren Hauslehrertätigkeit in Frankfurt am Main übernimmt Hegel 1801 ein Lehramt an der Universität Jena, wo er in freundschaftlicher Verbindung mit Friedrich Wilhelm Joseph Schelling steht. Mit ihm gibt er 1802 das *Kritische Journal der Philosophie* heraus. 1807 erscheint Hegels erstes großes Werk, die *Phänomenologie des Geistes.*

Nach einer Tätigkeit als Journalist in Bamberg wird Hegel 1808 Direktor des Gymnasiums in Nürnberg. 1816 übernimmt er eine Professur in Heidelberg. Von 1818 bis zu seinem Tod lebt Hegel in Berlin, wo die so genannte

Georg Wilhelm Friedrich Hegel

Hegelsche Schule entsteht. In Berlin hält Hegel Vorlesungen über sämtliche Themen der Philosophie. 1827 erscheinen unter seiner Leitung die *Jahrbücher für wissenschaftliche Kritik.* 1831 stirbt Hegel an der Cholera.

Hegels philosophisches Werk entsteht aus der kritischen Haltung gegenüber Kant. Für Hegel ist Kants Erkenntniskritik nur „ein subjektiver Dogmatismus". In seinem Streben nach dem Absoluten darf der Mensch nicht vor den letzten Fragen kapitulieren, so wie Kant dies tut. Hegel sieht den Menschen auf einem stufenweisen Weg zum Absoluten. Die Stufen dieses Weges verlaufen vom Verstand zum Bewusstsein, von dort aus zum Selbstbewusstsein, um schließlich über die Vernunft zum absoluten Wissen zu gelangen. Diese stufenweise Entwicklung wird sowohl vom Einzelnen als auch von der Gesellschaft als Ganzes vollzogen. „Dieser Weg des individuellen Geistes ist auch der des Geistes der Menschheit, des absoluten Geistes. Wissenschaft ist dies, diese Einheit in ihrer ganzen Entwicklung durch sich selbst zu wissen."

In seiner *Phänomenologie des menschlichen Geistes* stellt sich Hegel die Aufgabe, die Entwicklung des menschlichen Geistes hin zum Absoluten darzustellen. Hegel geht so weit, dass er meint, dass mit seinem philosophischen Werk die Philosophie ihren Abschluss findet.

Dialektik

Das menschliche Denken vollzieht sich laut Hegel stets in Form eines dialektischen Prozesses. Jede These trägt in sich schon ihre Antithese, die beide in der Synthese aufgehoben werden. Das dialektische Prinzip durchzieht das gesamte philosophische Gedankengebäude Hegels.

Er bezieht es nicht nur auf die Form des menschlichen Denkens, sondern auch auf die Entwicklung der Wirklichkeit und der Weltgeschichte. Der gesamte Gang der Weltgeschichte ist für Hegel ein Prozess der Selbstentfaltung des Geistes. Die Aufgabe der Philosophie besteht darin, die Selbstentfaltung des Geistes zu erfassen.

! Lebensdaten

1770 Geburt in Stuttgart
1788–93 Studium der Philosophie und Theologie am Tübinger Stift
1801–07 Dozent und Professor in Jena
1807 Zeitungsschriftleiter in Bamberg, *Phänomenologie des Geistes*
1808–15 Rektor des Ägidiengymnasiums in Nürnberg
1812–16 *Logik*
1816 Professor in Heidelberg
1817, **1827** und **1830** *Enzyklopädie der Wissenschaften*
1818 Professor in Berlin
1821 *Rechtsphilosophie*
1831 Tod in Berlin

Zu diesem Zweck folgt auch die Philosophie in ihrem Aufbau einem dialektischen Schema. Im ersten Stadium befindet sich der Weltgeist im Zustand des „Ansich-Seins" und wird von der philosophischen Disziplin der Logik betrachtet.
Im zweiten Stadium nimmt der Weltgeist den Zustand der „Entäußerung" und „Entfremdung" an. Die ihm gemäße philosophische Disziplin ist die Philosophie der Natur. Das dritte und letzte Stadium ist durch den Zustand des „An-und-für-sich-Seins" gekennzeichnet, der durch die Philosophie des Geistes betrachtet wird.

Staatsphilosophie

Hegel ist zwar im Grunde nur ein mäßig begabter Redner, doch in Berlin erzielt er mit seinen Vorlesungen trotzdem eine breite politische Wirkung. In seinen *Grundlinien der Philosophie des Rechts* von 1821 ist in der Einleitung ein berühmt gewordener Satz zu finden: „Was vernünftig ist, das ist wirklich, und was wirklich ist, das ist vernünftig."
Diese Formel wird zum Leitspruch der Kräfte der Restauration. Im preußischen Staat sieht Hegel die Vollendung des Weltgeistes. Er wird zum offiziellen preußischen Staatsphilosophen ernannt. Für Hegel ist der Staat „die Wirklichkeit der konkreten Freiheit", wobei mit Freiheit weniger die individuelle Freiheit gemeint ist, sondern das „Wesen des Geistes".
Der Staat garantiert die Einheit des Individuellen mit dem Allgemeinen. Der Weltgeist handelt durch den Einzelnen als sein Werkzeug. In großen historischen Persönlichkeiten wie z. B. Napoleon äußert sich der jeweilige „Geist der Zeit". Hegel erteilt somit dem Konzept Kants vom autonomen Individuum eine Absage. Bei ihm wird das Individu-

um zum Objekt des sich selbst entfaltenden Weltgeistes, der dafür sorgt, dass das historisch Notwendige zur Verwirklichung kommt. Während das Individuum nur den nächstliegenden Zwecken nachstrebt, ordnet die Vernunft der Geschichte die Aktionen des Individuums auf ein übergeordnetes Ziel, das als „Fortschritt der Freiheit“ bezeichnet wird.

Hegels Staats- und Geschichtsphilosophie findet in Europa eine rasche Verbreitung, da sie eine historisch fundierte weltanschauliche Basis für die Gründung von neuen Nationalstaaten liefert.

Es kommt zur Ausbildung von zwei Denkschulen auf der Basis der Hegelschen Philosophie. Während die Rechts- oder Althegelianer in erster Linie Hegels philosophisches System gegenüber anderen Einflüssen bewahren wollen, drängen die Linkshegelianer auf eine konkrete Verwirklichung der Hegelschen Philosophie. Karl Marx (1818–83) entdeckt im Rahmen seiner Uminterpretation Hegels das Proletariat als Träger des welthistorischen Vernunftprinzips. Hegels Prinzip der dialektischen Entwicklung zum historisch Notwendigen wird von ihm, leicht modifiziert, übernommen. In der marxistisch-leninistischen Lehre ist die klassenlose Gesellschaft das Endziel der Geschichte.

Wladimir Lenin, Mitbegründer der marxistisch-leninistischen Lehre

Friedrich Wilhelm Joseph Schelling
Identität von idealer und realer Welt

Schelling stammt aus einer schwäbischen Pfarrersfamilie und besucht 1790–95 das Tübinger Stift. Anschließend ist er u. a. als Hauslehrer in Stuttgart und Leipzig tätig. An der Leipziger Universität widmet sich der hoch begabte Schelling umfangreichen Studien. 1798 wird er mithilfe einer Empfehlung Goethes außerordentlicher Professor an der Uni-

Johann Wolfgang von Goethe

versität von Jena, wo er mit Fichte, Hegel, Schiller und Goethe in engem Kontakt steht. 1803 zieht Schelling nach Würzburg, wo er ein zurückgezogenes Leben führt. Für einen längeren Zeitraum tritt er öffentlich kaum noch in Erscheinung, bis er 1841 erneut nach Berlin berufen wird.

Identitätsphilosophie

Das philosophische Grundproblem, mit dem sich Schelling in seinem Werk auseinander setzt, ist die Einheit von Geist und Natur, Subjekt und Objekt sowie idealer und realer Welt. Nach Schellings Ansicht lösen sich die genannten Gegensatzpaare im Absoluten als einer Identität von Realem und Idealem auf. Das Absolute ist unmittelbar wahrnehmbar durch den Intellekt sowie in der Kunst, die gleichberechtigt neben der Philosophie steht.

Das Reich der Natur und das Reich des Geistes bilden eine Entwicklungsreihe, deren einzelne Stufen als „Potenzen" bezeichnet werden. Durch ihren gemeinsamen Urgrund – das Absolute – sind diese Potenzen miteinander verbunden.

Das Wesen der menschlichen Freiheit

Ab 1807 beschäftigt sich Schelling verstärkt mit dem Problem der menschlichen Freiheit und dem Verhältnis zu Gott.

Friedrich Wilhelm Joseph Schelling

Seine 1809 erscheinende Schrift *Philosophische Untersuchungen über das Wesen der menschlichen Freiheit* markiert den Übergang von der frühen Identitätsphilosophie zur nun stärker religiös geprägten Schaffensphase. Das Böse ist nach Ansicht Schellings eine für die Entfaltung des geschichtlichen Seins unverzichtbare Form der Freiheit. Das Böse gehört somit zur Wirklichkeit, allerdings nicht in erster Linie als moralisches Problem.

Da der Mensch die Freiheit zur Entscheidung für das Gute oder das Böse besitzt, sind der Staat und das Rechtswesen historisch notwendige Einrichtungen. Der Einflussbereich des Staates soll allerdings möglichst eng begrenzt bleiben. Die Kritik am Staat zieht sich wie ein roter Faden durch das gesamte Werk Schellings: „Der Staat, so viel Positives er in sich schließt, so gehört er doch gegen alles Positive, gegen alle Erscheinungen des höheren und geistigen und sittlichen Lebens auf die Seite des Negativsten. […] Die wahre, aber sehr missverstandene Aufgabe unserer Zeit ist, den Staat selbst und den Staat überhaupt, d. h. in jeder seiner Formen zu beschränken, nicht bloß etwa in der monarchischen.“

! Lebensdaten

1775 Geburt in Leonberg
1790–95 Besuch des Tübinger Stifts
1797 *Ideen zu einer Philosophie der Natur*
1798 außerordentliche Professur an der Universität Jena; *Von der Weltseele*
1800 *System des transzendentalen Idealismus*
1803–41 Aufenthalt in Würzburg
1809 *Philosophische Untersuchungen über das Wesen der menschlichen Freiheit*
1841 Berufung an die Universität Berlin
1854 Tod in Bad Ragaz
1950/55 posthume Veröffentlichung der *Philosophie der Mythologie und Offenbarung*

In seinem Werk entwickelt Schelling Grundlagen für die spätere Religionswissenschaft und plädiert für die Freiheit des Individuums gegenüber dem Staat. Das letzte Stadium seiner Philosophie ist durch eine nur äußerst schwer zugängliche mystische Sicht der Welt geprägt.

Arthur Schopenhauer
Leben bedeutet Leiden

Schopenhauer wächst in Weimar als Sohn eines Großkaufmannes und Bankiers auf. Seine Mutter ist Schriftstellerin. Unter den Gästen ihres Salons befindet sich auch Goethe. Schopenhauer unternimmt Reisen, die ihn quer durch Europa führen, und studiert Naturwissenschaften und Philosophie in Göttingen und Berlin. 1813 promoviert er in Jena mit einer Arbeit *Über die vierfache Wurzel des Satzes vom zureichenden Grunde* und lebt anschließend als Privatgelehrter in Weimar und Dresden. Sein Hauptwerk *Die Welt als Wille und Vorstellung* erscheint 1819. Nach seiner Habilitation ist Schopenhauer in Berlin als Privatdozent tätig. 1831 bricht er seine Lehrtätigkeit ab, bleibt aber bis zu seinem Tod in Berlin. Erst in seinem letzten Lebensjahrzehnt findet die pessimistische Philosophie die von ihrem Schöpfer ersehnte Anerkennung, als nach der missglückten Revolution von 1848 und der nachfolgenden Restaurationszeit ein allgemeines Klima der Resignation herrscht.
Von Platon und Kant ausgehend, betrachtet Schopenhauer die Welt als bloße Vorstellung des Subjekts. Zudem wird sein Denken

auch durch das Studium der altindischen Upanischaden beeinflusst. Die objektiv nachweisbare Existenz einer realen, äußeren Welt leugnet er.

Arthur Schopenhauer

Der Mensch ist nicht in der Lage, „das Ding an sich" zu erkennen. Schopenhauers Ansicht vom menschlichen Leben ist zutiefst pessimistisch. Das Leben ist zwangsläufig Leiden. Die elementaren Triebe des Menschen bewirken eine ständige Not und Unzufriedenheit und bewirken einen endlosen Leidensprozess. Dort, wo die unmittelbare Not endet, beginnt die Langeweile. Der Versuch, ihr durch soziale Aktivitäten zu entgehen, scheitert, da das menschliche Zusammenleben im Wesentlichen durch einen Krieg aller gegen alle gekennzeichnet ist.

Der Mensch ist von Natur aus schlecht. Seine Hauptantriebskräfte sind Bosheit und Egoismus, die nur manchmal ein wenig durch die Fähigkeit, Mitleid zu empfinden, abgemildert werden. Angesichts seiner schlechten Natur hat der Mensch sein trauriges Dasein als Strafe verdient.

In seiner Morallehre versucht Schopenhauer, dem Leiden als Grundfaktum der menschlichen Existenz zu begegnen. In der Verneinung des Lebens durch Askese, Fasten, Armut und Keuschheit sieht er den einzig möglichen Weg zur Überwindung des Leidens. Die Aufgabe des Willens zum Leben führt zu einem friedvollen Zustand, der dem Nirwana der Buddhisten vergleichbar ist.

Ironischerweise hält sich Schopenhauer selbst keineswegs an die von ihm verkündeten moralischen Regeln. Seiner Meinung nach ist es nicht erforderlich, dass er die von ihm aufgestellten Lehren auch selbst befolgen müsse.

Eine sehr breite Wirkung erzielte Schopenhauer, der im Verlauf seiner letzten Lebensjahre in respektvoller Anerkennung auch der „Weise Buddha von Frankfurt" genannt wurde, nicht nur bei Schriftstellern wie Thomas Mann (1875–1955), sondern auch bei Musikern wie Richard Wagner (1813–83) sowie dem Maler Max Beckmann (1884–1950).

Richard Wagner

Lebensdaten

1788 Geburt in Danzig
1813 Promotion an der Universität von Jena, *Über die vierfache Wurzel des Satzes vom zureichenden Grunde*
1819 *Die Welt als Wille und Vorstellung*
1831 Abbruch der Lehrtätigkeit an der Universität von Berlin
1859 Veröffentlichung der endgültigen Fassung von *Die Welt als Wille und Vorstellung*
1860 Tod in Frankfurt am Main

Søren Aabye Kierkegaard

Der Mensch findet sich selbst in Gott

Kierkegaard wächst als Kind und Jugendlicher in einer angesehenen Kopenhagener Familie auf. 1830 beginnt er ein Theologiestudium an der Universität von Kopenhagen, das er 1841 mit seiner Dissertation *Über den Begriff der Ironie mit steter Bezugnahme auf Sokrates* abschließt.
1841 hört er in Berlin Vorlesungen Schellings, die ihn jedoch nicht begeistern können. 1842 kehrt er nach Kopenhagen zurück und veröffentlicht in der Folgezeit eine Vielzahl von literarischen, theologischen und philosophischen Werken. Einen Schwerpunkt seines schriftstellerischen Schaffens bildet seine Kritik an der Staatsverbundenheit der dänischen Amtskirche. Kierkegaards Analysen zur Existenzweise des Menschen geben der nachfolgenden Existenzphilosophie wichtige Anstöße.

Der Mensch als selbstbezügliches Wesen

Am Anfang seines philosophischen Werkes steht die Frage, wie das Ich als existierendes Subjekt in ein Verhältnis zu Gott kommen kann und was die menschliche Existenz ausmacht. Kierkegaards Antwort lautet: „Der Mensch ist eine Synthese von Unendlichkeit und Endlichkeit, Zeitlichem und Ewigem, von Freiheit und Notwendigkeit, kurz eine Synthese. Eine Synthese ist ein Verhältnis zwischen Zweien."

Søren Kierkegaard

Der Mensch findet zu seinem Selbst, indem er sich bewusst zur Synthese seines Selbstseins verhält.
Es besteht jedoch die Gefahr, dass der Mensch sein Selbst verfehlt. Wenn der Mensch in einem Miss-

verhältnis zu seinem Selbst steht, steht er als von Gott geschaffenes Wesen auch in einem Missverhältnis zu Gott. Den Zustand „vor Gott nicht man selbst sein zu wollen“ bezeichnet Kierkegaard folglich als Sünde.

! Lebensdaten

1813 Geburt in Kopenhagen
1841 Besuch der Vorlesungen Schellings in Berlin; *Über den Begriff der Ironie mit steter Bezugnahme auf Sokrates*
1844 *Philosophische Brocken*
1846 *Abschließende unwissenschaftliche Nachschrift*
1849 *Die Krankheit zum Tode*
1850 *Einübung im Christentum*
1855 Tod in Kopenhagen
1859 posthume Veröffentlichung von *Der Gesichtspunkt meiner schriftstellerischen Tätigkeit*

Der Weg zum Glauben

Kierkegaard unterscheidet verschiedene Stadien der Existenz auf dem Weg zum Glauben. Im „Ästhetischen Stadium“ genießt der Mensch das Leben, doch er hat sich noch nicht als Selbst gewählt. Wenn dies geschieht, erfolgt der Übergang zum „Ethischen Stadium“. „[…] denn nur mich selbst kann ich absolut wählen, und diese absolute Wahl meiner selbst ist meine Freiheit, und nur indem ich mich selbst absolut gewählt habe, habe ich eine absolute Differenz gesetzt, die nämlich zwischen Gut und Böse.“

Der Mensch erkennt jedoch, dass er nicht ethisch ideal leben kann, sondern unter der Sünde steht. Die Erkenntnis, dass nur Gott den Menschen aus der Sünde befreien kann, führt zum „Religiösen Stadium“. Das Paradox des Glaubens besteht Kierkegaards Ansicht nach darin, dass Gott Mensch geworden ist.

Wahres Christsein äußert sich für Kierkegaard nicht in religiösen Zeremonien und Versammlungen, sondern in der Vertiefung des Einzelnen in Gott. Kierkegaard bezeichnet sich selbst als „Spion im Dienst des Höchsten“. Er fordert dazu auf, „[…] die Lunte an die bestehende Christenheit zu legen“. Es verwundert daher nicht, dass der zeitlebens von großer Schwermut geplagte Philosoph als größter Feind der dänischen Amtskirche gilt.

Karl Marx
Kritik am Kapitalismus

Gemeinsam mit Friedrich Engels (1820–95) begründet Karl Marx den nach ihm benannten Marxismus. Marx stammt aus der Familie eines Rechtsanwalts, die humanistisches und aufklärerisches Gedankengut sorgfältig kultiviert. Sein Vater ist ein Anhänger der aufgeklärten Philosophie Kants. Schon während seiner Jugend kommt Marx mit dem Kulturgut der griechischen Antike, den Ideen der europäischen Aufklärung und der literarischen Klassik in Berührung. Er besucht das Gymnasium in Trier und studiert zunächst in Bonn und später in Berlin Jura. Sein Hauptinteresse gehört jedoch der Philosophie und der Geschichte. 1841 beendet er sein Studium mit seiner an der philosophischen Fakultät der Universität Jena eingereichten Dissertation zur *Differenz der demokritischen und epikureischen Naturphilosophie*. Marx gilt als einer der führenden Persönlichkeiten im Kreis der Junghegelianer, die sich für eine Verwirklichung des Hegelschen Gedankengutes einsetzen. 1842 wird Marx Redakteur bei der liberalen *Rheinischen Zeitung*, die 1843 jedoch verboten wird. Im selben Jahr heiratet Marx seine alte Jugendliebe Jenny von Westphahlen und geht mit ihr nach Paris. Dort verfasst er seine ersten politischen Schriften und macht auch die Bekanntschaft von Friedrich Engels, der ihm zu einem treuen Freund wird. 1845 muss Marx Frankreich verlassen und zieht nach Brüssel, wo er gemeinsam mit Engels das 1848 erscheinende *Kommunistische Manifest* entwickelt. Nach dem Ausbruch der Februarrevolution von 1848 hält sich Marx erneut ein Jahr lang in deutschen Landen auf. Nach seiner Ausweisung wird London zu seinem ständigen Wohnsitz. In London verfasst Marx den ersten Teil des *Kapitals* und gründet 1864 die *Internationale Arbeiter-Assoziation*. Geschwächt von Armut, Krankheit und fortwährenden Kämpfen innerhalb des kommunistischen Lagers stirbt der Vater des Marxismus frühzeitig an einer Lungenkrankheit.

Friedrich Engels

Historischer Materialismus

Marx' Gesellschaftsanalyse ist an die dialektische Methode Hegels angelehnt. Von Hegel übernimmt Marx auch den geschichtsphilosophischen Ansatz, dass die Geschichte einem festen Endziel zustrebt. Im Gegensatz zu Hegels alles lenkendem Weltgeist bestimmt bei Marx die Materie in Form des gesellschaftlichen Seins das Bewusstsein. Die Selbstentfaltung der Materie erfolgt durch das dialektische Aufeinandertreffen von Gegensätzen.

Die Grundlagen der historischen Entwicklung liegen in den ökonomischen Prozessen. Sie bestimmen den Gang der Geschichte. Alle weiteren Elemente, wie z. B. die Kultur oder die Religion, stellen lediglich einen „ideologischen Überbau“ dar: „Es ist nicht das Bewusstsein der Menschen, das ihr Sein, sondern umgekehrt ihr gesellschaftliches Sein, das ihr Bewusstsein bestimmt.“

Im *Kommunistischen Manifest* interpretiert Marx in dialektischer Form alle bisherige Geschichte als Geschichte von Klassenkämpfen: „Die Geschichte aller bisherigen Gesellschaft ist die Geschichte von Klassenkämpfen. Unterdrücker und Unterdrückte standen in stetem Gegensatz zueinander, führten einen [...] Kampf, der jedes Mal in einer revolutionären Umgestaltung der ganzen Gesellschaft endete.“

In den Klassenkämpfen kommen die ökonomischen und gesellschaftlichen Widersprüche zum Ausbruch, die zwischen den verschiedenen gesellschaftlichen Gruppen existieren.

Im Verlauf der Geschichte lösen sich verschiedene Gesellschaftsformationen gegenseitig ab: Diese sind zuerst die Urgesellschaft, gefolgt von der antiken Sklavenhaltergesellschaft, dem Feudalismus und schließlich dem modernen bürgerlichen Kapitalismus.

Die wirtschaftlichen Strukturen bezeichnet Marx als Produktionsverhältnisse, die teilweise im Einklang und zum Teil im Widerspruch zu den Produktivkräften stehen. Unter Produktivkräften versteht Marx die Rohstoffe, Produktionsinstrumente sowie die Arbeitskraft aller arbeitenden Bevölkerungsteile.

Karl Marx

In sämtlichen bisherigen Gesellschaftsformationen, angefangen bei der antiken Sklavenhaltergesellschaft bis hin zum modernen Kapitalismus, waren laut Marx die Produktionsverhältnisse stets dergestalt, dass die Produktivkräfte wie Grund und Boden oder später Kapital immer nur im Besitz Einzelner oder einer kleinen gesellschaftlichen Gruppe waren. In der kapitalistischen Ordnung hat der Produzent z. B. das Alleineigentum an den materiellen Produktionsmitteln.

Der Lohnarbeiter muss seine Arbeitskraft wie eine Ware verkaufen, um leben zu können. Er hat keinen Anteil an den Produktionsmitteln und wird folglich von den Eigentümern an den Produktionsmitteln ausgebeutet.

Lebensdaten

1818 Geburt in Trier
1841 Erwerb des Doktortitels an der Universität von Jena mit einer Arbeit über die *Differenz der demokritischen und epikureischen Naturphilosophie*
1842 Redakteur bei der *Rheinischen Zeitung*
1843 Übersiedlung nach Paris
1844 *Kritik der Hegelschen Rechtsphilosophie*
1845 Flucht nach Belgien, *Die heilige Familie oder Kritik der kritischen Kritik*
1845–48 gemeinsame Arbeit mit Friedrich Engels am *Kommunistischen Manifest*
1847 *Das Elend der Philosophie*
1848 Veröffentlichung des *Kommunistischen Manifests*
1859 *Zur Kritik der politischen Ökonomie*
1864 Gründung der „Internationalen Arbeiter-Assoziation"
1867–94 Veröffentlichung der drei Bände von *Das Kapital;* Band 2 und 3 werden von Engels herausgegeben
1883 Tod in London

Das Kapital

Im *Kapital* unterzieht Marx die kapitalistische Gesellschaftsordnung einer kritischen Analyse. Die Ausbeutung des Lohnarbeiters erfolgt mittels des so genannten Mehrwertes. Der Arbeiter schafft durch seine Arbeit mehr an Werten, als er an Lohn ausgezahlt bekommt. Er erhält lediglich so viel, dass seine Arbeitskraft für den Kapitalisten aufrecht erhalten wird. Da er auf den Verkauf seiner Arbeitskraft angewiesen ist, bleibt dem Arbeiter nichts anderes übrig, als seine Ausbeutung hinzunehmen. Die ständig wiederkehrenden Krisen der kapitalistischen Wirtschaft sind ein Anzeichen dafür, dass ein Widerspruch zwischen den Produktivkräften und den Produktionsverhältnissen besteht.
Das Ziel der Harmonisierung von Produktivkräften und Produktionsverhältnissen soll erreicht werden durch die Vergesellschaftung der Produktionsmittel – „die Expropriation der Expropriateure". Indem das Proletariat im Zuge einer Revolution die „Enteigner enteignet" und die Produktionsmittel in gesellschaftliches Eigentum umwandelt, verwirklicht sie das Ziel der klassenlosen Gesellschaft, in der es keine Ausbeutung mehr gibt. Der Marxismus hat eine ungeheure Nachwirkung im politischen Bereich. In der Sowjetunion kommt es 1917 zur Ablösung des Zarenregimes durch die kommunistische Oktoberrevolution. Diese führt zu einer entscheidenden Weichenstellung. In der Folgezeit bilden sich weitere kommunistische Staaten.

! Sein und Bewusstein

Im Gegensatz zum Idealismus sieht der Materialismus in der Materie den Grundbaustein für nicht nur die stoffliche, sondern auch die geistige Wirklichkeit. Er stellt ein Gegengewicht zum Idealismus dar, doch in seiner Verabsolutierung des Materiellen versagt er, das Problem des menschlichen Bewusstseins zu lösen. Für Marx und Engels wird der Materialismus ungeachtet seiner offensichtlichen Einseitigkeit zum zentralen Ausgangspunkt der gesamten marxistischen Lehre. Im Materialismus des deutschen Philosophen Feuerbach wird die Beziehung zwischen Mensch und Materie beschrieben. Die zentrale Aussage Feuerbachs lautet: „Das Denken ist aus dem Sein, aber das Sein nicht aus dem Denken." Auf der Basis des Feuerbachschen Materialismus entwickeln Marx und Engels ihren dialektischen und historischen Materialismus, der davon ausgeht, dass das materielle Sein das menschliche Bewusstsein bestimmt: „Nicht das Bewusstsein bestimmt das Leben, sondern das Leben bestimmt das Bewusstsein." Marx und Engels übertragen somit das dialektische Prinzip Hegels auf Feuerbachs Konzept des Materialismus.

Friedrich Nietzsche

Die Lehre vom neuen Zeitalter des Übermenschen

Als Sohn eines protestantischen Priesters beginnt Nietzsche schon früh, Gedichte und Kompositionen zu verfassen. 1864 beginnt er ein Studium der Theologie und klassischen Philologie in Bonn und Leipzig. Einen starken Einfluss auf sein Denken üben die Werke Schopenhauers und die Musik Richard Wagners aus. 1868 macht er die Bekanntschaft Wagners. 1869–78 lehrt Nietzsche klassische Philologie in Basel. 1870 meldet er sich freiwillig, um als Krankenpfleger am Deutsch-Französischen Krieg teilzunehmen. Aufgrund gesundheitlicher Probleme ist Nietzsche nach dem Krieg gezwungen, seine Professur aufzugeben. Er hält sich in der Folgezeit überwiegend in Italien, an der Riviera und im Oberengadin auf. 1889 wird Nietzsche zum Pflegefall, da ihn eine schwere Geisteskrankheit befällt. Von sich selbst sagt Nietzsche selbstkritisch: „Ich bin immer am Abgrund."

Die Ärzte diagnostizieren eine Paralyse, die sich Nietzsche durch eine in früheren Jahren erworbene Syphilis zugezogen hat. Während der restlichen Jahre seines Lebens, das im Jahre 1900 endet, wird er zunächst von seiner Mutter und später von seiner Schwester betreut.

? Schon gewusst?

Ähnlich wie die marxistische Lehre ist die Philosophie des Positivismus durch eine große Fortschrittsgläubigkeit gekennzeichnet. Der Positivismus geht zurück auf den französischen Philosophen Auguste Comte (1798–1857). Er fordert, dass als Basis für wissenschaftliche Erkenntnisse nur Tatsachen zugelassen werden dürfen. In Verbindung mit dieser Auffassung steht die Überzeugung, dass die Welt wissenschaftlich ergründbar ist, wobei wissenschaftlicher Fortschritt auch zu gesellschaftlichem Fortschritt führt. Die moderne Form des klassischen Positivismus ist der Neopositivismus des so genannten Wiener Kreises, der angesichts der Unzulänglichkeit der Sprache die mathematische Logik als wichtigstes Ordnungsprinzip und Analyseinstrument der Wirklichkeit betrachtet.

Die drei Perioden im Werk Nietzsches

In seinem extravaganten fiktionalen Werk *Also sprach Zarathustra* erklärt Nietzsche, dass der Mensch lediglich ein Bindeglied zwischen dem Affen und dem „Übermenschen" darstellt, womit er zugleich die Zukunft der „menschlichen Natur" infrage stellt. An die Stelle der Gewissheit tritt für die Menschheit das Nichts. Nietzsche spricht deshalb vom „Nihilismus".

Friedrich Nietzsche

Das philosophische Denken Nietzsches lässt sich in drei Perioden unterteilen. In der ersten Periode (1869–71) verfasst er 1871 *Die Geburt der Tragödie aus dem Geist der Musik.* In der griechischen Tragödie sieht er die maßvoll-apollinischen und rauschhaft-dionysischen Kräfte des Griechentums zur Vollendung gekommen. Mit dem Beginn der griechischen Philosophie endet die tragische Kultur, die Nietzsche durch die Kraft der Musik Richard Wagners

Richard Wagner

wieder zum Leben erwecken möchte. In der zweiten Periode (1876–82) betreibt Nietzsche die von ihm als solche bezeichnete „Philosophie des Vormittags". Stilistisch ist diese Periode durch die Form des Aphorismus gekennzeichnet. Wichtige Werke sind die beiden Teile von *Menschliches, Allzumenschliches; Morgenröte* und *Fröhliche Wissenschaft.* Nietzsche wendet sich in dieser Periode in erster Linie gegen den klassischen Wahrheits- und Moralbegriff.

„Was also ist Wahrheit? Ein bewegliches Heer von Metaphern [...] die nach langem Gebrauch einem Volke als fest, kanonisch und verbindlich dünken: die Wahrheiten sind Illusionen, von denen wir vergessen haben, dass sie welche sind." In ähnlicher Form relativiert er den üblichen bürgerlichen Begriff von Moral: „Die Moralen sind auch nur eine Zeichensprache der Affekte."

Vorgeblich moralische Handlungen dienen seiner Ansicht nach letztlich doch nur egoistischen Zwecken wie dem persönlichen Lustgewinn. Nächstenliebe ist für Nietzsche z. B. nur eine Form von versteckter Selbstliebe.

Das Christentum ist seiner Meinung nach eine große Heuchelei, die den Menschen nur verweichlicht und auf ein nicht existierendes Jenseits hin vertröstet. Gegen diese Heuchelei erhebt Nietzsche seine Stimme, indem er den berühmten Ausspruch tut: „Gott ist tot! Gott bleibt tot! Und wir haben ihn getötet!"

1888 verfasst Nietzsche u. a. die pathetischen Schriften *Ecce Homo* und *Der Antichrist.* In *Ecce Homo* zeichnet sich bereits der Größenwahn Nietzsches ab, der im folgenden Jahr dem Wahnsinn anheim fällt und fortan in geistiger Umnachtung lebt.

„Was ich erzähle, ist die Geschichte der nächsten zwei Jahrhunderte. Ich beschreibe, was kommt, was nicht mehr anders kommen kann: die Heraufkunft des Nihilismus." Diese Aussage kennzeichnet die dritte Periode in Nietzsches philosophischem Werk. Nietzsche verkündet ein neues Zeitalter.

Das Zeitalter des Nihilismus ist gekennzeichnet durch „die radikale Ablehnung von Wert, Sinn und Wünschbarkeit“. Die grundlegenden Werte des christlichen Abendlandes verlieren ihre Gültigkeit. Der von Nietzsche zum Idealbild erhobene „Übermensch“ zeichnet sich durch seine vollkommene Freiheit in Bezug auf alle traditionellen Werte aus. Es gilt das Gesetz des Stärkeren. Nur die Starken mit dem unbedingten Willen zur Macht werden nach Ansicht Nietzsches fähig sein, nicht an den Konsequenzen ihrer unbegrenzten Freiheit zu zerbrechen.

Im „Willen zur Macht“ findet Nietzsche eine kompakte Formel, welche die Essenz seines Denkens zum Ausdruck bringt. Der Wille liegt als zentrales Motiv allen menschlichen Handlungen zugrunde. Er ist jedoch keineswegs wie bei Schopenhauer blind, sondern von der Absicht der Selbsterhaltung, des Lustgewinns und des Gewinns von Stärke und Macht gesteuert. „Diese Welt, ein Ungeheuer von Kraft, ohne Anfang, ohne Ende, eine feste eherne Größe von Kraft […] Diese Welt ist der Wille zur Macht – und nichts außerdem! Und auch ihr selber seid dieser Wille zur Macht – und nichts außerdem.“

Nietzsche versteht es, in seinen zahlreichen Werken virtuos mit der Sprache umzugehen. Zugleich ist sein Denken voller Widersprüche. Sein Einfluss hält bis in die Gegenwart an. Nietzsche wurde u. a. zu einem geistigen Wegbereiter des Faschismus, dessen Ideologie und Führungspersönlichkeiten die Ideen Nietzsches in abgewandelter Form für ihre Zwecke ausnutzen.

! Lebensdaten

1844 Geburt in Röcken bei Lützen
1864 Studium der klassischen Philosophie, das begonnene Theologiestudium bricht er wieder ab
1868 Bekanntschaft mit Richard Wagner
1869–78 Professor für klassische Philologie in Basel
1870/71 Krankenpfleger im Deutsch-Französischen Krieg
1871 *Die Geburt der Tragödie aus dem Geist der Musik*
1873–76 *Unzeitgemäße Betrachtungen*
1873 *Über Wahrheit und Lüge im außermoralischen Sinne*
1878–79 *Menschliches–Allzumenschliches*
1881 *Morgenröte*
1883 *Also sprach Zarathustra. Ein Buch für alle und keinen*
1888 *Ecce Homo*; *Der Antichrist*
1889 Ausbruch der Geisteskrankheit
1900 Tod in Weimar

Edmund Husserl
Philosophie als strenge Wissenschaft

Edmund Husserl

Der im jüdischen Glauben erzogene Husserl nimmt 1876 in Leipzig sein Studium auf, wo er Vorlesungen in Philosophie, Mathematik, Physik und Astronomie besucht. 1878 setzt er sein Studium in Berlin fort. 1883 promoviert er in Wien mit einer Arbeit über *Beiträge zur Variationsrechnung.* In Wien wird Husserl stark von Clemens Brentanos (1778–1842) Methode der beschreibenden Psychologie beeinflusst. Er übernimmt von ihm den Gedanken der Intentionalität des Bewusstseins und baut diesen weiter aus, um auf seiner Grundlage eine streng wissenschaftliche Philosophie zu errichten. Bis 1901 ist Husserl als Privatdozent für Philosophie in Halle tätig. 1887 legt er seine Habilitationsschrift *Über den Begriff der Zahl. Psychologische Analyse* vor. 1901 werden Husserls *Logische Untersuchungen* veröffentlicht, die den Grundstein für die phänomenologische Methode legen und Husserl berühmt machen. 1906 wird Husserl in Göttingen zum Professor ernannt.

1916 erhält er eine Professur für Philosophie in Freibug im Breisgau, wo er nach der nationalsozialistischen Machtübernahme 1933 vom Lehrbetrieb ausgeschlossen wird und 1938 stirbt.

Phänomenologie und Wissenschaftskritik

Husserl beabsichtigt mit der von ihm entwickelten phänomenologischen Methode, die Philosophie zu einer „strengen Wissenschaft" zu machen. Psychologische Vorgänge sind seiner Ansicht nach stets intentional, folglich auf ein Ziel hin ausgerichtet.

Ein wichtiges Merkmal der Intentionalität ist das Streben nach Evidenz. Zu dieser gelangt Husserl durch das Prinzip der phänomenologischen Reduktion. Sie besteht darin, sich konsequent Urteilen über das Sein oder Nichtsein von Dingen zu enthalten, und ermöglicht damit eine wesentlich vorurteilsfreiere Betrachtung des reinen Bewusstseins.

Zur phänomenologischen tritt die so genannte „eidetische Reduktion“. Phänomenologie bedeutet Wesensschau. Die phänomenologische Reduktion ermöglicht es zu klären, wie das Bewusstsein sich selbst und damit auch die es umgebende Welt abbildet.

! Lebensdaten

1859 Geburt in Poßnitz, Mähren
1876 Studienbeginn in Leipzig
1878 Studium in Berlin
1883 Promotion in Wien mit *Beiträgen zur Variationsrechnung*
1887 Habilitationsschrift *Über den Begriff der Zahl. Psychologische Analyse*
1906 Ernennung zum Professor in Göttingen
1911 *Philosophie als strenge Wissenschaft*
1913 *Ideen zu einer reinen Phänomenologie und phänomenologischen Philosophie*
1916 Ernennung zum Professor in Freiburg
1933 Ausschluss vom Lehrbetrieb
1936 *Die Krisis der europäischen Wissenschaften und die transzendentale Philosophie*
1938 Tod in Freiburg

Husserl gelangt durch seine Bewusstseinsanalyse zu den „ideellen Gegenständen“, die er in den *Ideen zu einer reinen Phänomenologie* beschreibt. So führt er z. B. den Zeitbegriff auf das innere Bewusstsein von Zeit zurück.

In seinem Spätwerk *Die Krisis der europäischen Wissenschaften und die transzendentale Philosophie* kreist dagegen Husserls Denken um den soziologischen Begriff der „Lebenswelt“. Die objektive Wissenschaft besitzt ihren Ursprung in der Lebenswelt, der sie angehört.

Die Bedrohungen der modernen Welt entsprechen nicht länger dem althergebrachten Rationalitätsbegriff. Die Rationalität kann nicht länger beanspruchen, für das Abendland kulturstifendes Prinzip zu sein. Die Wirklichkeit lässt sich mit den Mitteln der Rationalität nicht vollständig wissenschaftlich erfassen. Die Krise der Wissenschaft ist zugleich eine Krise des Menschen, der sich selbst in einer sinnentleerten Lebenswelt wiederfindet. Aufgabe der so genannten tranzendentalen Philosophie ist es vor diesem Hintergrund die Lebenswelt zu analysieren und zu zeigen, wie diese auf kulturelle Leistungen des Menschen zuückzuführen ist.

Sowohl Husserls phänomenologische Methode als auch seine Wissenschaftskritik üben bis in die Gegenwart hinein einen nachhaltigen Einfluss auf die Wissenschaftstheorie, Philosophie und Psychologie aus.

Moderne

Während sich im 19. und beginnenden 20. Jh. die Naturwissenschaften zu exakten Wissenschaften entwickelt haben, steht die Philosophie im Zeitalter der Moderne unter dem Druck, ebenfalls eine „strenge Wissenschaft“ zu werden. Bei dem Versuch, diese Forderung zu erfüllen, stößt sie als zentrales Hindernis auf das Problem der Vieldeutigkeit der Sprache, die kein exaktes Abbild der Wirklichkeit zu liefern vermag. Die Erkenntnisse der modernen Physik belegen ebenfalls, dass der Mensch sich bei seiner Suche nach objektiver Erkenntnis gewissermaßen stets selbst im Weg steht. Die Grenzen der Sprache sowie des menschlichen Bewusstseins markieren somit zugleich die Grenzen der Philosophie.

Albert Einstein

Der „linguistic turn“

Im Zuge des so genannten „linguistic turn“, der auf sämtliche geisteswissenschaftlichen Disziplinen erhebliche Auswirkungen hat, wird die Sprache zum hauptsächlichen Gegenstand der kritischen philosophischen Auseinandersetzung erhoben. Angeregt durch die kritischen Sprachanalysen Wittgensteins bemüht sich zunächst der Wiener Kreis um die Entwicklung einer idealen Sprache, die keinerlei Ambivalenzen mehr enthält. Die „linguistische Wende“ bezeichnet in der Folgezeit im Grunde eine Vielzahl von sprachkritischen Ideen und Theorien, die auf das abendländische Denken des 20. Jh. einen großen Einfluss ausüben. Die Wirklichkeit scheint jenseits der Sprache nicht erreichbar zu sein. Die Philosophie wird damit zur Sprachkritik und die Formulierung wissenschaftlicher Theorien sowie die Auseinandersetzung mit Texten jeglicher Art erfolgt stets im Rahmen der Bedingungen der Sprache.

Das neue Weltbild der Physik

Nicht nur das Bewusstsein über die Ambivalenz der Sprache, sondern auch die Erkenntnisse der Relativitätstheorie Albert Einsteins (1879–1955) und der Quantentheorie bilden die Ausgangsbasis für ein neues Denken, das die Grenzen der menschlichen Erkenntnisfähigkeit immer deutlicher in den Vordergrund stellt. Die Erkenntnisse der modernen Physik führen z. B. zu einem neuen Verständnis von Kausalität und Objektivität. So stellt im mikrophysikalischen Quantenbereich, gemäß der Heisenbergschen Unschärferelation (Werner Heisenberg 1901–76), der Akt der Beobachtung stets einen Eingriff in den Ablauf des Geschehens dar. Aus diesem Grund können keine vollständig objektiven Erkenntnisse über mikrophysikalische Vorgänge gewonnen werden – der Beobachter verändert durch den Akt des Beobachtens das Beobachtete.

Werner Heisenberg

Evolutionäre Erkenntnistheorie

Die Philosophie der Moderne ist geprägt vom Zweifel an den menschlichen Erkenntnisfähigkeiten. Die von dem Ethnologen Konrad Lorenz (1903–89) begründete *Evolutionäre Erkenntnistheorie* liefert vor diesem Hintergrund eine Antwort auf die Frage, wie es möglich ist, dass, obwohl wir stets nur ein Abbild der Wirklichkeit wahrnehmen, dieses Abbild dennoch der Wirklichkeit zu einem gewissen Grad gleichen muss. Die evolutionäre Erkenntnistheorie stellt zu Recht fest, dass es, wie auch die persönliche Alltagserfahrung zeigt, bei aller zugestandenen Subjektivität menschlicher Erkenntnis, doch verwunderlich ist, dass die subjektiven Strukturen der Wahrnehmung auf die objektiven Strukturen der Wirklichkeit insofern passen, als diese erst ein erfolgreiches, d. h. dem Überleben des Individuums förderliches Handeln ermöglichen:

„Eine Erklärung dieses Zusammenhangs liefert die Annahme, dass sich unsere subjektiven Wahrnehmungs- und Erfahrungsstrukturen in Anpassung an und unter unerbittlicher Selektion

Konrad Lorenz

durch die objektiven Strukturen herausgebildet haben."

Die zentrale These der evolutionären Erkenntnistheorie lautet, dass das Leben selbst ein Erkenntnisprozess ist, bei dem es nicht um das Streben nach Wahrheit, sondern – „ebenso trivial wie pragmatisch" – um den unmittelbaren Lebenserfolg geht. „Schon dass wir existieren und uns fragen können, wie sich unser Schluss auf Regelmäßigkeiten in der Natur rechtfertigen lässt, ist die überwältigende Rechtfertigung für unseren Glauben an diese [...] Wenn unsere Umwelt diese Regelmäßigkeiten nicht besäße, wären wir nicht hier, um solche Fragen zu stellen."

Existenzialismus

Mit der Existenzialphilosophie kehrt die Philosophie von der Frage des Bewusstseins zeitweilig wieder zur ursprünglichen Frage des Seins zurück. Der französische Existenzialist Sartre erklärt, dass der Mensch „zur Freiheit verurteilt" nur das ist, was er aus sich selbst macht. Der Existenzialismus entwickelt sich zu einer der einflussreichsten Strömungen der modernen europäischen Philosophie.

Strukturalismus

Der Strukturalismus tritt als geistige Bewegung nach dem Ende des Zweiten Weltkriegs in Frankreich in Erscheinung. Seine zentrale These lautet, dass die Wirklichkeit objektiv vorhandene und subjektiv wahrnehmbare Strukturen aufweist. Phänomene tauchen nicht isoliert, sondern in Verbindung mit anderen Phänomenen auf. Sie bilden somit eine Struktur. Diese Strukturen dienen als Grundlage zur näheren Bestimmung und Analyse jeglicher Art von Phänomenen. Als Forschungsmethode findet der Strukturalismus v. a. in der Linguistik, Anthropologie, Psychologie und Literaturwissenschaft Anwendung. Der Strukturalismus hat seine Wurzeln in den Forschungen des Schweizer Sprachwissenschaftlers Ferdinand de Saussure (1857–1913).

Ferdinand de Saussure

Von de Saussure stammt die Unterteilung von sprachlichen Zeichen in ein Bezeichnendes und ein Bezeichnetes. Die Bedeutung von Zeichenketten entsteht durch ihre Differenz zu anderen Zeichenketten. Die Zeichenkette selbst trägt jedoch keine Bedeutung. Mit dieser Erkenntnis und den daraus resultierenden Folgerungen wird de Saussure zum Begründer des Strukturalismus und der modernen Linguistik.

Claude Gustave Lévi-Strauss

Als weitere Hauptvertreter des Strukturalismus gelten der Ethnologe Claude Gustave Lévi-Strauss (*1908) sowie der Philosoph Michel Foucault (1926–84).

Frankfurter Schule

Die rasante technologische Entwicklung führt im 20. Jh. zu einem neuen Typ des entfremdeten Menschen, der laut Max Horkheimer (1895–1973), dem Begründer der gesellschafts- und ideologiekritischen Frankfurter Schule, nur noch „ein Echo seiner Umgebung" ist. Die aufgrund des Sitzes des Instituts für Sozialforschung auch als Frankfurter Schule bezeichnete Kritische Theorie hat die „Menschen als Produzenten ihrer gesamten historischen Lebensformen zum Gegenstand". Die Kritische Theorie ist gekennzeichnet durch eine starke Skepsis gegenüber autoritären Herrschaftssystemen sowie generell gegenüber jeglichen systematischen Erklärungsmodellen. Sie formuliert ihre Thesen bevorzugt in Form von Essays, Aufsätzen und Aphorismen.

Ethik und Moderne

Ethische Fragen spielen in der modernen philosophischen Auseinandersetzung wieder eine zentrale Rolle. Die bisherige Ethik, die im Wesentlichen eine auf das Individuum bezogene Ethik darstellt, reicht im Zeitalter weltweiter Datennetze nicht mehr aus. Im Zeitalter der Postmoderne ist die Philosophie zudem kaum mehr dazu in der Lage, eine geschlossene Gesamtdeutung der menschlichen Existenz zu liefern. Eine zunehmend wichtige Rolle spielt, angesichts der Zerstörung der natürlichen Umwelt durch den Menschen, neben der alten Frage – „Was sollen wir tun?" – die Frage nach dem richtigen Umgang mit der Natur. Die Philosophie gerät damit zu Problemen und Fragestellungen, die eigentlich in erster Linie von Politik und Gesetzgebung bearbeitet werden sollten, andererseits jedoch durch weltweit anerkannte ethische Normen möglicherweise besser gelöst werden könnten.

Das Ende aller absoluten Gewissheiten

Der grundsätzliche Wesenzug der modernen Philosophie ist die Haltung des Skeptikers, der sich der Tatsache bewusst ist, dass er niemals zu endgültigen Erkenntnissen gelangen kann.

Das Wesen der postmodernen Philosophie besteht darin, dass sie nicht unsere Gewissheit, sondern vielmehr unsere Ungewissheit über die uns umgebende Welt zu steigern vermag.

Postmoderne

Die Postmoderne ist eine geistig-kulturelle Bewegung, die sich in erster Linie durch die Ablehnung der fortschrittsgläubigen Moderne definiert. Der französische Philosoph Jean-François Lyotard (1924–98) bezeichnet die Postmoderne in einem viel beachteten Aufsatz als das „Ende der großen Erzählungen". In der postmodernen Philosophie wird die Welt nicht mehr in der Bewegung auf ein Fortschrittsziel hin betrachtet, sondern als zufällig, pluralistisch und chaotisch angesehen.

Die Sprache erweist sich ebenso wie sämtliche Wissenschaften als unfähig, die Wirklichkeit abzubilden oder zu erkennen. Anstelle der Vorherrschaft durch die Vernunft tritt eine neue Hinwendung zur menschlichen Emotionalität. Der Grundsatz, dass in Literatur, Film, Architektur und bildender Kunst nichts Neues mehr zu schaffen ist, führt zu einem spielerisch-ironischen Umgang mit dem vorhandenen Material. Die Autorität der „großen Erzählungen" wie Ideologien oder rationale Systeme existiert nicht mehr, sondern zersplittert in kleinere „Sinnfragmente", die beliebig miteinander kombinierbar sind, ohne in ihrer Gesamtheit auf einen übergreifenden Sinnzusammenhang zu verweisen. Es gibt keine einzelne Wahrheit mehr, sondern nur noch „Diskurse" – Menschen die reden, denken und sich in den Medien produzieren. Es gibt kein wirkliches Zentrum der Philosophie mehr, sondern nur noch unzählige spezifische Randbereiche.

Konstruktivismus

Der Konstruktivismus gehört zu den wichtigsten geistigen Strömungen im Rahmen der Philosophie der Postmoderne.

Die Konstruktivisten vertreten die erkenntnistheoretische Position, dass die Wirklichkeit nicht objektiv erkannt werden kann, sondern stets subjektiv wahrgenommen wird. Bereits Platon stellt in seinem Höhlengleichnis fest, dass der Mensch nur die Schatten an der Höhlenwand, nicht jedoch die „Dinge an sich" wahrnimmt.

Die Wirklichkeit stellt nach Meinung der Konstruktivisten nichts objektiv Gegebenes dar, sondern kann immer nur in Abhängigkeit von einem Beobachter subjektiv „konstruiert" werden. Während sich konstruktivistisches Gedankengut bereits seit der Antike wie ein roter Faden durch die Philosophiegeschichte zieht, erhebt der moderne Konstruktivismus einen über den philosophischen Bereich hinausgehenden Geltungsanspruch. Er vertritt den Standpunkt, dass sich die Grundannahmen des Konstruktivismus auch mithilfe von „harten“ naturwissenschaftlichen Befunden belegen lassen. Hierzu gehört z. B. das so genannte Gesetz der „unspezifischen Codierung“. Es besagt, dass der Mensch stets nur elektronische Impulse mit seinem Nervensystem wahrnehmen kann. Erst im Gehirn wird aus diesen Impulsen eine vollständige sinnliche Empfindung konstruiert. Wichtige Vertreter des Konstruktivismus sind der sich mit natürlichen und künstlichen Regelkreisläufen beschäftigende Kybernetiker Heinz von Förster (1911–2002), der Psychoanalytiker Paul Watzlawick (*1921) und Ernst von Glasersfeld (*1917). Eine kritisch-konstruktivistische Position bezüglich des Geltungsanspruches von wissenschaftlichen Theorien wird von dem Wissenschaftstheoretiker Paul Karl Feyerabend (1924–94) vertreten.

? Schon gewusst?

Neben der geistigen Strömung des Konstruktivismus existiert auch der für die moderne Philosophie einflussreiche Begriff der Dekonstruktion. Er geht auf das Werk des französischen Philosophen Jaques Derrida zurück. Die Dekonstruktion stellt keine Methode, sondern eine Praxis der Textanalyse dar, die sich dem jeweils untersuchten Gegenstand immer wieder neu anzupassen hat. Die Praxis der Dekonstruktion bei der Interpretation von Texten beinhaltet zwei zentrale Aspekte: die Umkehrung von logischen Unterscheidungen und die Verschiebung von logischen Hierarchien. Neben dem engeren Bereich der Textanalyse kommt die Praxis der Dekonstruktion auch im sozialwissenschaftlichen Bereich zur Anwendung, um z. B. die Wesenheiten von sozialen und kulturellen Identitäten zu hinterfragen.

Ludwig Wittgenstein

Sprachliche Grenzen der Philosophie

Der in einer wohlhabenden Familie aufwachsende Wittgenstein wird bis zu seinem 14. Lebensjahr zu Hause erzogen. Anschließend geht er für drei Jahre auf die Mittelschule in Linz. Nach dem Abschluss des Gymnasiums beginnt er ein technisches Studium an der Technischen Hochschule in Berlin-Charlottenburg. 1908 begibt sich Wittgenstein nach England, um aerodynamische Experimente durchzuführen und die Technische Fakultät der Universität von Manchester zu besuchen. Bis 1911 betreibt er Experimente mit verschiedenartigen Flugobjekten und lässt sich seine technischen Erfindungen patentieren. Neben Technik interessiert sich Wittgenstein auch für Philosophie. Nach der intensiven Auseinandersetzung mit Russells *Prinzipien der Mathematik* beschließt er, sein technisches Studium abzubrechen und in Cambridge bei Russell Philosophie der Mathematik und Logik zu studieren. Von 1913 bis zum Ausbruch des Ersten Weltkrieges hält sich Wittgenstein in Norwegen auf, um seine philosophischen Ideen in schriftlicher Form festzuhalten.

Ludwig Wittgenstein

Er entwickelt den Entwurf zum späteren *Tractatus logico-philosophicus.* Seine Schrift erscheint 1922 in England mit einem von Russell verfassten Vorwort. In Deutschland wird Wittgensteins *Tractatus* 1921 im Rahmen des letzten Bandes von Wilhelm Ostwalds (1853–1932) *Annalen der Naturphilosophie* veröffentlicht.
Nach dem Ende des Ersten Weltkrieges ist Wittgenstein als Lehrer in verschiedenen Orten Niederösterreichs tätig. Er gerät in eine tiefe seelische Krise, die er durch die von Moritz Schlick (1882–1936) vermittelte Aufnahme in den berühmten Wiener Kreis überwinden kann. Nach einer Phase des einfachen, zurückgezogenen Lebens und einer konsequenten Abwendung von der Philosophie kehrt Wittgenstein 1929 nach Cambridge zurück. Dort schlägt sein Lehrer Russell ihm vor, den *Tractatus* als Dissertation einzureichen. 1937 erhält Wittgenstein einen Lehrstuhl für Philosophie in Cambridge, wo er 1951 stirbt. Erst nach seinem Tod erscheinen Wittgensteins *Philosophische Untersuchungen*, in denen er einen Großteil des *Tractatus* wieder verworfen hat.

Tractatus logico-philosophicus

Für Wittgenstein ist der eigentliche Gegenstand der Philosophie die Sprache. Im *Tractatus* werden die Grenzen der Sprache als Grenzen der philosophischen Theoriebildung behandelt. Die Grenzen der Sprache werden durch ihre innere Struktur bestimmt, wobei Wittgenstein eine Übereinstimmung zwischen der Struktur der Welt und der Struktur der Sprache, welche die Welt in Form von sinnvollen Sätzen abbildet, voraussetzt. Somit kann Wittgenstein behaupten: „Der

Satz zeigt die logische Form der Wirklichkeit.“ Die Aufgabe der Philosophie wird von Wittgenstein stark reduziert: „Der Zweck der Philosophie ist die logische Klärung der Gedanken.“ Seine nächste wichtige Forderung an die Philosophie lautet: „Alles, was überhaupt gedacht werden kann, kann klar gedacht werden. Alles, was sich aussprechen lässt, lässt sich klar aussprechen.“

! Lebensdaten

1889 Geburt in Wien
1921/22 *Tractatus logico-philosophicus*
1951 Tod in Cambridge
1955 posthume Veröffentlichung der *Philosophischen Untersuchungen*

Klare Antworten vermögen jedoch nur die Naturwissenschaften zu geben. Deshalb erklärt Wittgenstein:
„Die meisten Sätze und Fragen, welche über philosophische Dinge geschrieben worden sind, sind nicht falsch, sondern unsinnig.“
Die meisten philosophischen Probleme erweisen sich nach Wittgensteins Ansicht als bloße Scheinprobleme.
So gelangt er zu dem berühmten Schlusssatz seines *Tractatus*: „Wovon man nicht sprechen kann, darüber muss man schweigen.“ Nach der Vollendung des *Tractatus* ist Wittgenstein zunächst überzeugt „die Probleme im Wesentlichen gelöst zu haben“. In der Folgezeit erscheint ihm jedoch sein eigenes Werk immer zweifelhafter. Ihm wird u. a. klar, dass seine These, die Welt zerfalle in Tatsachen, nicht haltbar ist. Ebenso gut lässt sich behaupten, dass die Welt in Dinge oder Ereignisse zerfällt. Weiteres kritisches Nachdenken führt Wittgenstein dazu, dass das ganze Gedankengebäude des *Tractatus* in sich zusammenstürzt.

Philosophische Untersuchungen

In seinen erst nach seinem Tod veröffentlichten *Philosophischen Untersuchungen* geht Wittgenstein von anderen Grundlagen aus als im *Tractatus*. Seine Grundthese lautet, dass die Schwierigkeiten beim Denken und Philosophieren in erster Linie daraus resultieren, dass die Sprache vieldeutig ist.
Anhand einer Analyse der Alltagssprache zeigt Wittgenstein, dass die Sprache, je nach dem in welchem Kontext sie verwendet wird, einen anderen Sinn annehmen kann. „Wie ein Wort funktioniert, kann man nicht erraten. Man muss seine Anwendung ansehen und daraus lernen.“
Angesichts der Vieldeutigkeit der Sprache kommt der Philosophie die Aufgabe zu, sich gegen die

von der Sprache gestifteten Verwirrungen zur Wehr zu setzen: „Die Philosophie ist ein Kampf gegen die Verhexung unsres Verstandes durch die Mittel der Sprache." Die Philosophie muss dafür Sorge tragen, dass das menschliche Denken nicht in die zahlreichen Fallen gerät, die ihm durch die Ambivalenz der Sprache im-

? Schon gewusst?

Der „Wiener Kreis" ist eine Gruppe von Philosophen und Wissenschaftlern, die sich ab 1922 wöchentlich unter der Leitung von Moritz Schlick versammelt. Die Versammlungen enden, nachdem Schlick 1936 von einem aufgebrachten Studenten erschossen wird. Die Mitglieder des Wiener Kreises bezeichnen sich selbst als Neopositivisten. Einige von ihnen stehen in enger Verbindung zu Wittgenstein, auch wenn dieser nicht direkt zum Wiener Kreis gehört. Regelmäßige Mitglieder des Wiener Kreises, deren an Formlismen angelehnte Denkweise auch als „Logischer Positivismus" bezeichnet wird, sind Rudolf Carnap (1891–1970), Kurt Gödel (1906–78), Otto Neurath (1882–1945), Herbert Feigl (1902–88), Philipp Frank (1884–1966), Friedrich Waismann (1896–1959) und Hans Hahn (1879–1934).

mer wieder gestellt werden. Die Philosophie muss versuchen, den Schleier des Sprachspiels zu lüften. Dies ist jedoch nur bedingt möglich.

Die Aufgabe der Philosophie wird darauf reduziert, die Probleme lediglich zu beschreiben.

Da sie selbst mit den Mitteln der Sprache operiert, kann die Philosophie nicht mehr leisten, als philosophische Probleme zu beschreiben. „Alle Erklärung muss fort, und nur Beschreibung an ihre Stelle treten." Zu einer endgültigen Lösung der von ihr formulierten Probleme kann die Philosophie jedoch niemals gelangen. Aus diesem Grund plädiert Wittgenstein dafür, dass „die philosophischen Probleme vollkommen verschwinden sollen".

Wittgensteins *Philosophische Untersuchungen* führen somit unausweichlich zum Ende der traditionellen Philosophie. Sein Spätwerk stellt eine radikale Absage an das ursprüngliche Projekt der Philosophie dar.

Die zentralen Fragen der Philosophie werden zwar auch nach Wittgenstein weiterhin im Rahmen der philosophischen Diskussion erörtert, doch der große Einfluss der radikalen sprachkritischen Haltung Wittgensteins reicht nicht nur in der modernen Philosophie, sondern auch in der Literatur und Kunst bis in die Gegenwart hinein.

Martin Heidegger
Philosophie als Rückkehr zum wahren Sein

Martin Heidegger

Aus einer einfachen Handwerkerfamilie stammend, wurde Heidegger streng katholisch erzogen. Er besucht zunächst das Jesuitenkolleg in Konstanz und anschließend das Gymnasium in Freiburg, wo er 1909 sein Theologiestudium aufnimmt, da er ursprünglich Priester werden möchte. Er bricht sein Studium jedoch vorzeitig ab und wendet sich der Philosophie zu, wobei er gleichzeitig auch Vorlesungen in Mathematik, Geschichte und naturwissenschaftlichen Fächern besucht.
1913 legt Heidegger eine Dissertation zum Thema *Die Lehre vom Urteil im Psychologismus* vor und beginnt, nachdem er 1915 die *venia legendi* genannte Lehrerlaubnis erhält, als Privatdozent an der Universität von Freiburg Philosophie zu lehren. Nach seiner Rückkehr aus dem Ersten Weltkrieg wird Husserl sein persönlicher Assistent. 1923 folgt Heidegger einem Ruf an die Universität Magdeburg, kehrt jedoch 1929 wieder nach Freiburg zurück, um Husserl als Ordinarius abzulösen.
1927 erscheint Heideggers einflussreichstes Werk *Sein und Zeit*, mit dem er schlagartig berühmt wird. 1933 wird er zum Rektor der Universität Freiburg gewählt. Er tritt in die NSDAP ein und bekennt sich zum nationalsozialistischen Regime. Nach dem Ende des Zweiten Weltkrieges erhält er aus diesem Grund keine weitere Lehrerlaubnis mehr. Bis 1958 ist Heidegger als Lehrer innerhalb eines kleinen Kreises von auserwählten Schülern tätig.

Sein und Zeit

Heidegger bezeichnet seine existenzialistische Philosophie als „Fundamentalontologie", die mit allen traditionellen philosophischen Systemen bricht. In seinem Hauptwerk *Sein und Zeit*, das aufgrund einer Vielzahl von ungewöhnlichen Satzkonstruktionen sehr schwierig zu verstehen ist, sucht Heidegger einen neuen Ansatzpunkt zur Frage des menschlichen Seins. Um über das Sein etwas aussagen zu können, muss seiner Ansicht nach das Seiende befragt werden, das einzig in der Lage ist, etwas über das Sein auszusagen. Das einzig Seiende, das zu seiner Umwelt ein Verhältnis hat, ist das menschliche Dasein. Es ist maßgeblich dadurch be-

stimmt, dass „es in seinem Sein zu diesem Sein ein Seinsverhältnis hat".
Der Mensch ist stets in zeitliche Abläufe eingebunden. Der Tod erscheint ihm als „äußerste unüberholbare Möglichkeit". Nur im „Vorlauf in den Tod" kann der Mensch sich in seiner vereinzelten Existenzialität selbst verwirklichen. Heidegger versucht im Grunde mit seinen außergewöhnlich anmutenden Denkfiguren und zahlreichen eigenen Wortschöpfungen, wie z. B. „Ek-sistenz", den Gegensatz zwischen Materialismus und Idealismus zu überwinden, indem er den Standpunkt vertritt, dass das Dasein zugleich immer ein In-der-Welt-Sein bedingt. Die Trennung zwischen Subjekt und Objekt soll aufgehoben werden, wobei dem subjektiv wahrnehmenden Individuum eine zentrale Rolle zugewiesen wird.
Während Heidegger in *Sein und Zeit* die Frage nach dem Sinn vom Sein vom Selbstverständnis des individuellen Daseins her zu erklären versucht, vollzieht er in seinen späteren Schriften eine Wende, die er selbst als „Kehre" bezeichnet. Nun ist es das Sein selbst, das im Mittelpunkt seiner Lehre steht. Die Sprache bietet einen Zugang zum Sein. Er steht damit in einem klaren Gegensatz zur sprachkritischen Haltung vieler anderer Philosophen.

„Die Sprache ist das Haus des Seins, darin wohnend der Mensch ek-sistiert, indem er der Wahrheit des Seins, sie hütend, gehört."

! Lebensdaten

1889 Geburt in Meßkirch bei Freiburg im Breisgau
1913 Dissertation über *Die Lehre vom Urteil im Psychologismus*
1927 *Sein und Zeit*
1933 *Die Selbstbehauptung der deutschen Universität*
1936 *Hölderlin und das Wesen der Dichtung*
1942 *Platons Lehre von der Wahrheit, Holzwege*
1943 *Vom Wesen der Wahrheit*
1947 *Brief über den Humanismus*
1953 *Einführung in die Metaphysik*
1957 *Identität und Differenz*
1959 *Unterwegs zur Sprache*
1961 *Nietzsche*

Heideggers *Sein und Zeit* ist eines der einflussreichsten Werke der neueren Philosophiegeschichte. Es begründet die deutsche Existenzphilosophie, die in der Folgezeit z. B. von Ernst Bloch in seinem *Prinzip Hoffnung* (1954–59) weitergeführt wird. Jean-Paul Sartres Hauptwerk *Das Sein und das Nichts* schließt sich unmittelbar an Heideggers *Sein und Zeit* an, wobei Sartre zugleich stark vom Marxismus beeinflusst wird.

Max Horkheimer
Vater der antiautoritären Frankfurter Schule

Max Horkheimer

Der Sohn einer jüdischen Familie wird 1930 Professor für Sozialphilosophie in Frankfurt und Leiter des dortigen Instituts für Sozialforschung, gleichzeitig ist er Herausgeber der in Frankfurt erscheinenden Zeitschrift für Sozialforschung. Auf Horkheimers erste Wirkungsstätte geht die Bezeichnung „Frankfurter Schule" zurück. In Frankfurt begegnet er Theodor W. Adorno (1903–69), mit dem ihn eine lebenslange Freundschaft verbindet. 1934–49 lebt und forscht Horkheimer im amerikanischen Exil. Anschließend kehrt er nach Deutschland zurück, um das Institut wieder neu aufzubauen. 1951–53 ist Horkheimer Rektor der Universität Frankfurt. 1954–59 hat er eine Gastprofessur in Chicago. Nach seiner Emeritierung zieht sich Horkheimer 1960 nach Montagnola in die Schweiz zurück.

Während des Krieges verfassen Horkheimer und Adorno die 1947 erscheinende *Dialektik der Aufklärung*, die neben Horkheimers Aufsatz *Traditionelle und kritische Theorie* (1937) als Gründungsdokument der Frankfurter Schule gilt. Aus letzterem Aufsatz stammt der zentrale programmatische Satz: „Die kritische Theorie hat bei aller Einsichtigkeit der einzelnen Schritte und der Übereinstimmung ihrer Elemente mit den fortgeschrittensten traditionellen Theorien keine spezifische Instanz für sich, als das mit ihr selbst verknüpfte Interesse an der Aufhebung des gesellschaftlichen Unrechts."

Die Frankfurter Schule erstrebt mit ihren interdisziplinären Studien die Emanzipation des Individuums und die Beseitigung von Herrschaft und Unterdrückung. Sowohl die Moral als auch Kultur und Wissenschaft sind von einer instrumentellen Vernunft bestimmt, die als „Verblendungszusammenhang" lediglich dazu dient, Mensch und Natur total zu beherrschen. In seinem Spätwerk formuliert Horkheimer vor diesem Hintergrund die „Sehnsucht nach dem ganz Anderen", die aus dem Wissen um das menschliche Leid und die Endlichkeit des menschlichen Daseins entspringt.

Der Verlust der Individualität in einer „verwalteten Welt" führt bei Horkheimer in seinen späten Lebensjahren zu einer Rückbesinnung auf die zutiefst pessimistische Philosophie Schopenhauers.

! Lebensdaten

1895 Geburt in Stuttgart
1930 Professor für Sozialphilosophie in Frankfurt, Leiter des Instituts für Sozialforschung
1934–49 amerikanisches Exil
1933 *Materialismus und Metaphysik*, *Materialismus und Moral*
1937 *Traditionelle und kritische Theorie* (begründet die „Frankfurter Schule")
1947 *Dialektik der Aufklärung*
1944 *Kritik der instrumentellen Vernunft*
1949 Wiederaufbau des Instituts für Sozialforschung in Frankfurt
1951–53 Rektor der Frankfurter Universität
1954–59 Gastprofessur in Chicago
1973 Tod in Nürnberg

Die Anführer der Studentenrevolte in den 60er-Jahren des vergangenen Jahrhunderts berufen sich auf die kritische Theorie Horkheimers und Adornos, die durch eine antiautoritäre und ideologiefeindliche Haltung gekennzeichnet ist.

Die Praktiken der studentischen Revolutionäre werden von den Vätern der kritischen Theorie jedoch mit kritischer Distanz verfolgt. Adorno reagiert mit einem „Rückzug in den Elfenbeinturm", während Horkheimer in eine tiefe Resignation in Hinblick auf die Zukunft der Philosophie und der Gesellschaft verfällt.

Karl Raimund Popper

Vater des kritischen Rationalismus

Popper wächst in Wien als Kind einer Akademikerfamilie auf. Nach dem Ersten Weltkrieg sympathisiert er kurzzeitig mit dem Sozialismus und Kommunismus, um sich nur wenig später jedoch plötzlich zu einem militanten Antikommunisten zu entwickeln. Er studiert bei dem Psychologen Karl Bühler und dem Hauptvertreter des „Wiener Kreises" Moritz Schlick. 1928 promoviert Popper. Mit seinem Werk *Logik der Forschung* erwirbt er einen ausgezeichneten Ruf als Wissenschaftstheoretiker und erhält 1934 einen Lehrauftrag in Neuseeland, wo er sich während des Zweiten Weltkrieges aufhält. Angesichts des 1938 erfolgenden Einzugs der Nazis in seine Heimatstadt Wien entschließt sich Popper, den Diktaturen Hitlers und Stalins eine philosophische Absage zu erteilen. Nach Kriegsende erscheinen seine in Neuseeland verfassten Schriften *Die offene Gesellschaft und ihre Feinde* sowie *Das Elend des Historizismus.*

Von 1946 bis zur seiner Emeritierung 1969 ist Popper als Professor für Logik und Methodologie der Wissenschaften an der London School of Economics tätig.

1965 erhält er den Adelstitel. Gastprofessuren führen ihn nach Amerika und Australien. Seinen letzten Lebensabschnitt verbringt er, ansonsten äußerst zurückgezogen lebend, in seinem Haus in Buckinghamshire bei London.

Karl Raimund Popper

Kritischer Rationalismus

In Auseinandersetzung mit den Ideen des „Wiener Kreises" entwickelt Popper den kritischen Rationalismus, der das vom Allgemeinen auf das Besondere schließende Induktionsprinzip als Grundlage für die naturwissenschaftliche Forschung ablehnt.

Im einfachsten Fall bedeutet das Induktionsprinzip, dass wenn A und B häufig als miteinander auftretend beobachtet werden, A und B vermutlich stets und auch in Zukunft miteinander auftreten werden.

In seinem Werk *Objektive Erkenntnis* erklärt Popper, warum das auf empirischer Beobachtung beruhende Induktionsprinzip für ihn keine Gültigkeit besitzen kann: „Lässt sich die Behauptung, eine erklärende allgemeine Theorie sei wahr, mit empirischen Gründen rechtfertigen, d. h. dadurch, dass man bestimmte Prüfaussagen oder Beobachtungsaussagen (die sozusagen auf der Erfahrung beruhen) als wahr annimmt?" Poppers Antwort lautet klar und deutlich: „Nein!"

Als Basis für eine wissenschaftliche Theorie dient Popper im Gegensatz zum induktiven Verfahren das Falsifikationsprinzip. Je mehr Ansatzpunkte für eine Falsifizierung eine wissenschaftliche Theorie bietet, umso reicher ist sie. Alles Wissen ist für Popper ein reines Vermutungswissen. Wissenschaftliche Theorien sind stets nur Hypothesen, die sich zu einem gewissen Grad der Wahrheit annähren können, ohne sie jedoch jemals erreichen zu können. Wissenschaftliche Theorien können höchstens immer „wahrheitsähnlicher" werden.

Für die weitere Erforschung des menschlichen Bewusstseins erlangt Poppers so genannte „Drei-Welten-Theorie" große Bedeutung. Er unterscheidet zwischen erstens der physikalischen Realität, zweitens der Welt des menschlichen Bewusstseins und drittens einer überzeitlichen und objektiven Welt. Letztere wird zwar durch das menschliche Denken geschaffen, doch sie existiert trotzdem unabhängig von ihm. So ist z. B. eine Zahl eine Erfindung, mit der sich unabhängig neue objektive mathematische Fragestellungen schaffen lassen.

Kritik an totalitärer Herrschaft

Angesichts des Grauens der Naziherrschaft und des stalinistischen Regimes beschäftigt sich Popper während und nach dem Zweiten Weltkrieg zunehmend auch mit historischen und gesellschaftspolitischen Fragestellungen.

Jeder Versuch, ein totales Konzept der menschlichen Gesellschaft zu entwickeln und umzusetzen, muss nach Poppers Meinung scheitern und zwangsläufig zum Verlust der individuellen Freiheit führen. „Der Versuch, den Himmel auf Erden einzurichten, produziert stets die Hölle." Poppers kritischer Rationalismus erstreckt sich somit über den ursprünglichen Bereich der wissenschaftlichen Methodik hinaus zu konkreten ethischen Fragen. Ähnlich wie beim wissenschaftlichen Forschen das Prinzip von „Trial and Error – Versuch und Irrtum" zu gelten hat, können gesellschaftliche und politische Maßnahmen stets nur einen Versuch darstellen, den höchsten Nutzen für die Gesellschaft zu erzielen.

Sie müssen aus diesem Grund ständig kritisch überprüft werden, um sicherzustellen, dass nicht an anderer Stelle oder für andere Personen unbeabsichtigte, zunächst nicht vorhersehbare Folgen eintreten.

Henri Bergson

Den Begriff der „offenen Gesellschaft" übernimmt Popper von dem französischen Philosophen Henri Bergson (1859–1941). Im Alltag bedeutet offene Gesellschaft für Popper Respekt vor der Würde des Individuums. Er sieht sich in der Tradition der Aufklärung. Sein Anliegen besteht darin, die Wahrung der Menschenrechte sowie das Prinzip von Toleranz und Gleichheit vor dem Gesetz zu verteidigen.

! Lebensdaten

1902 Geburt in Wien
1934 *Logik der Forschung*
1945 *Die offene Gesellschaft und ihre Feinde*
1946–65 Professor an der London School of Economics
1957 *Das Elend des Historizismus*
1972 *Objektive Erkenntnis*
1976 *Ausgangspunkte*
1977 *Das Ich und sein Gehirn* (mit John C. Eccles)
1994 Tod in Croydon bei London

Für diese Ideale steht in erster Linie der große deutsche Philosoph Immanuel Kant, dem Popper die deutsche Ausgabe der *Offenen Gesellschaft* widmet. Das zweibändige Werk enthält im ersten Teil, *Der Zauber Platons,* eine kritische Auseinandersetzung mit der Philosophie Platons, während Popper im zweiten Band, *Falsche Propheten,* mit Marx, Hegel und der historizistischen Denkschule abrechnet. Poppers Entwurf einer offenen Gesellschaft besitzt keine endgültige Form. Reform und ständige Veränderung bestimmen ihr Wesen. Reformerische Maßnahmen können ebenso wenig wie wissenschaftliche Theorien niemals einen Anspruch auf Endgültigkeit erheben.

Jean-Paul Sartre

Der zur Freiheit verurteilte Mensch

Sartre wird als Sohn eines Marineoffiziers geboren und studiert nach dem Abschluss des Gymnasiums an der École Normale Supérieure in Paris Philosophie. Er gibt anschließend an verschiedenen französischen Gymnasien Philosophieunterricht und hält sich zwischenzeitlich 1933/34 am französischen Institut in Berlin auf, wo er mit dem Denken Husserls und Heideggers bekannt wird. Sartre veröffentlicht literaturkritische und psychologische Essays und gerät mit seinem Roman *Der Ekel*, seinen Theaterstücken und seinem philosophischen Hauptwerk *Das Sein und das Nichts. Versuch einer phänomenologischen Ontologie* in das Blickfeld der Öffentlichkeit. Er beteiligt sich an den Kämpfen der französischen Armee gegen die deutsche Wehrmacht, gerät in Kriegsgefangenschaft und wird 1941 freigelassen. Er tritt in die Widerstandsorganisation Résistance ein und wird zu einem ihrer

führenden Köpfe. Ab 1946 übernimmt er die Leitung der Zeitschrift *Les Temps Modernes.*
Die von Sartre gegründete Partei „Revolutionäre Demokratische Sammlung“ (RDR) hat nur zwei Jahre Bestand. Er sympathisiert zu einem gewissen Grad mit den Ideen des Marxismus. In seiner *Kritik der dialektischen Vernunft* nennt Sartre den Marxismus „die unumgänglichste Philosophie unserer Zeit“. Der ursprüngliche Marxismus sowie der real existierende Sozialismus erscheinen ihm jedoch als zu dogmatisch und unflexibel.
Sartre löst nach dem Zweiten Weltkrieg in weiten Teilen Europas ein großes Interesse für die Philosophie des Existenzialismus aus. 1974 weigert er sich, den Literaturnobelpreis anzunehmen. Bis zu seinem Tod steht Sartre gewissermaßen mit einem Bein im bürgerlichen und mit dem anderen im sozialistischen Lager und sucht einen alternativen „dritten Weg“ zwischen Sozialismus und Kapitalismus.

Das Sein und das Nichts

Sartre unterscheidet in seinem Hauptwerk zwischen zwei Arten des Seins: dem bewussten Sein, das er „Für-sich-sein“ nennt, und dem nichtbewussten „An-sich-sein“. Für den Menschen ist das „Für-sich-sein“ die hauptsächliche Existenzform. Das „An-sich-sein“ ist dagegen die Existenzform von nichtbewussten Dingen wie z. B. den Steinen in einer Mauer.

Jean-Paul Sartre

Existenz ist für Sartre einfaches pures Dasein. „Existieren, das ist einfach dasein, das Existierende erscheint, kann angetroffen werden, aber man kann es niemals ableiten.“
Eine zentrale Bedeutung nimmt bei Sartre das Nichts ein, das aufgrund der Eigenschaft des Menschen, ein Bewusstsein zu besitzen, möglich wird. Das Nichts ist im Wesentlichen die noch nicht Wirklichkeit gewordene, potenzielle Zukunft des Menschen. Der Mensch ist nicht auf das Gegebene reduziert, sondern er ist, wozu er sich macht. Die entscheidende Seinsverfassung des Menschen ist die Freiheit. Die menschliche Existenz ist dadurch bestimmt, dass der Mensch sich selbst verwirklicht. Er ist „zur Freiheit verurteilt“. Für Sartre existiert kein

Gott als übergeordnete Instanz. „Die Existenz geht der Essenz voraus“. Das bedeutet, dass „der Mensch zuerst existiert, sich begegnet, in der Welt auftaucht und sich danach definiert.“ Der Mensch besitzt die volle Verantwortung für sein Handeln. Aufgrund seiner Freiheit verfügt er aber auch über die Möglichkeit der Unwahrhaftigkeit gegenüber sich selbst. Die menschliche Existenz bringt es mit sich, „dass man der Verantwortung für sein eigenes Sein ausweichen kann“.

Damit der Mensch sich selbst erkennt, benötigt er den Anderen. Er wird sich seines Seins bewusst, indem er erfährt, nicht der Andere zu sein.

Kritik der dialektischen Vernunft

In der *Kritik der dialektischen Vernunft* betrachtet Sartre nicht nur das Individuum, sondern die gesamte Gesellschaft aus existenzialistischer Sicht, wobei er sich um eine Verbindung von Existenzialismus und Marxismus bemüht.

Sartre äußert Kritik an der im Marxismus vorgesehenen Unterwerfung des Individuums unter ein vorherbestimmtes historisches Endziel. Um die Dogmatik der marxistischen Lehre zu überwinden, schlägt er vor, den Existenzialismus mit dem Marxismus zu kombinieren. Zu den real existierenden kommunistischen Regierungen, in denen er die marxistische Lehre verzerrt und entstellt sieht, geht Sartre bewusst auf Distanz. Sein um die individuelle und gesellschaftliche Existenz des Menschen kreisendes philosophisches Denken beinhaltet einen äußerst radikalen Freiheitsbegriff, der auch Anlass zur Kritik bietet. Sarte ignoriert laut Meinung seiner Kritiker offensichtlich, dass der Mensch nicht vollkommen frei ist, sondern stets in bestimmte soziale und historische Zusammenhänge hinein geboren wird, die nicht seiner Entscheidung unterliegen.

! Lebensdaten

1905 Geburt in Paris
1943 *Das Sein und das Nichts*
1960 *Kritik der dialektischen Vernunft*
1964 Verweigerung der Annahme des Nobelpreises für Literatur
1980 Tod in Paris

Im Bereich der Existenzphilosophie, deren Hauptgewicht auf der Freiheit, Individualität und Subjektivität der menschlichen Existenz liegt, sind zwei unterschiedliche Richtungen zu unterscheiden. Es gibt Existenzialisten, die an die Existenz Gottes glauben, und solche, die nicht an sie glauben. Im Existenzialismus wird der

Mensch aus jeder ihn bedingenden oder über ihn hinausgreifenden Ganzheit herausgelöst. Die von dem Existenzialisten Kierkegaard erkannte „Einsamkeit des Menschen vor Gott“, wird bei Sartre als Hauptvertreter des modernen Existenzialismus und anderen atheistischen Existenzialisten zur „Einsamkeit des Menschen vor dem Nichts“. Der Existenzialismus übt nicht nur auf die Philosophie und Psychologie, sondern auch auf die moderne Literatur und Malerei einen starken Einfluss aus.

Michel Foucault
Der Archäologe des Wissens

Nach seiner Schulzeit wird Foucault an der hoch angesehenen Pariser École Normale Supérieure aufgenommen, wo er ein Studium der Philosophie und Psychologie beginnt. 1951 legt er das Staatsexamen in Philosophie und 1952 in Psychologie ab. Seine erste größere Schrift *Psychologie und Geisteskrankheit* (1954) ist einem Thema gewidmet, das er auch in seiner Doktorarbeit *Wahnsinn und Gesellschaft. Eine Geschichte des Wahns im Zeitalter der Vernunft* (1961) behandelt. Foucault zeigt in seinen frühen Schriften, dass Geisteskrankheiten häufig erst dann beim Betroffenen entstehen, wenn dieser für geisteskrank befunden wird. 1970 erreicht Foucault mit seiner Berufung auf den Lehrstuhl für Geschichte der Denksysteme am Pariser Collège de France das höchste in Frankreich erreichbare akademische Amt. 1976 veröffentlicht er den ersten Teil seines letzten großen Werkes *Sexualität und Wahrheit.*

Michel Foucault

Foucaults Diskursanalyse

In seiner *Archäologie des Wissens* (1969) und in den folgenden Werken setzt sich Foucault verstärkt mit der Beziehung zwischen Macht und Wissen auseinander. Nach seiner Ansicht zielt Macht nicht einseitig auf Gehorsam ab, sondern Machtbeziehungen können überall wechselseitig entstehen. Sie durchziehen alle anderen Arten von Beziehungen. Gegen Ende der 1970er-Jahre analysiert Foucault die durch politische Regierungen ausgeübte Macht, die er in Anlehnung an

den Hirten, der seine Schafe lenkt, als „pastorale Macht“ bezeichnet. In seinem Spätwerk widmet er sich Studien zur antiken Sexualethik.
Foucault hat mit seinen Schriften, die dem Poststrukturalismus zugerechnet werden, viel Aufmerksamkeit erregt, doch letztlich bleiben eine Vielzahl seiner Beiträge zur so genannten Diskursanalyse doch eher vage.

! Lebensdaten

1926 Geburt in Poitiers
1951/52 Staatsexamina in Philosophie und Psychologie
1954 *Psychologie und Geisteskrankheit*
1961 Dissertationsschrift: *Wahnsinn und Gesellschaft. Eine Geschichte des Wahns im Zeitalter der Vernunft*
1962 Berufung zum Professor für Psychologie an der Universität Clermont-Ferrand
1966 *Die Ordnung der Dinge*
1969 *Archäologie des Wissens*
1970 Lehrstuhl für Geschichte der Denksysteme am Pariser Collège de France
1971 *Die Ordnung des Diskurses*
1975 *Überwachen und Strafen. Die Geburt des Gefängnisses*
1976–84 *Geschichte der Sexualität*
1984 Tod in Paris

Am konkretesten ist seine *Archäologie des Wissens*, in der er die Methodik der Diskursanalyse gegenüber seinen Kritikern in systematischer Form darstellt. Die Diskursanalyse findet in der Gegenwart häufig als Methode der Sozialforschung und der Literaturwissenschaft Verwendung. Im Allgemeinen werden im Rahmen der Diskursanalyse die Zusammenhänge zwischen sprachlichen Handlungen und gesellschaftlichen Strukturen kritisch untersucht.

Peter Sloterdijk
Kritiker der zynischen Vernunft

Peter Sloterdijk

Von seiner *Kritik der zynischen Vernunft* bis hin zu den *Regeln für den Menschenpark* zeigt sich Peter Sloterdijk als äußerst öffentlichkeitswirksamer Philosoph, der die Gemüter gehörig zu erhitzen weiß. Seit dem Erscheinen seiner viel beachteten *Kritik der zynischen Vernunft* gilt Sloterdijk als Modephilosoph: „Zynismus ist das aufgeklärte falsche Bewusstsein", lautet Sloterdijks zentrale These in diesem Werk. Er weist nach, dass die verschiedenen Strategien aufklärerischer Kritik von den jeweiligen Gegenmächten im Verlauf der neueren Geschichte stets relativiert und damit gewissermaßen unschädlich gemacht worden sind, um schließlich im vergangenen Jahrhundert in den modernen Zynismus zu münden. Besonders umstritten ist Sloterdijks 1999 gehaltene Rede *Regeln für den Menschenpark*, in der er unter Berufung auf Platon Möglichkeiten der Menschenzüchtung reflektiert. Eine bloße Verweigerung diesem Thema gegenüber hält Sloterdijk für sinnlos. In Zukunft kommt es seiner Meinung nach darauf an, „das Spiel aktiv aufzugreifen und einen Codex der Anthropotechniken zu formulieren", denn Menschenzüchtung finde längst statt und sie habe schon immer stattgefunden. Somit gehe es in der heutigen Zeit vielmehr darum, die Karten offen auf den Tisch zu legen und zu sagen, was für eine Art von Mensch für die Zukunft anzustreben sei. Als Beleg bezieht sich Sloterdijk auf Platons Dialog *Politikos*. Sloterdijk gilt einerseits als einer der wenigen großen deutschen Philosophen der Gegenwart, andererseits werfen ihm zahlreiche Kritiker vor, sein größtes philosophisches Anliegen bestehe darin, eine möglichst große Aufmerksamkeit in den Medien zu erreichen.

! Lebensdaten

1947 Geburt in Karlsruhe
1968–74 Studium der Philosophie, Germanistik und Geschichte in München
1983 *Kritik der zynischen Vernunft*
1988 *Zur Welt kommen – zur Sprache kommen, Frankfurter Vorlesungen*
1989 *Eurotaoismus. Zur Kritik der politischen Kinetik*
seit **1992**: Professor für Philosophie und Medientheorie an der Hochschule für Gestaltung Karlsruhe
seit **1993**: Leitung des Instituts für Kulturphilosophie an der Akademie der bildenden Künste in Wien
1993 *Weltfremdheit*; *Im selben Boot. Versuch über die Hyperpolitik*
1994 *Falls Europa erwacht*
1998 *Sphären I – Blasen*
1999 *Sphären II – Globen*; *Regeln für den Menschenpark. Ein Antwortschreiben zu Heideggers Brief über den Humanismus*
seit **2001**: Rektor der Staatlichen Hochschule für Gestaltung, Karlsruhe
seit Januar **2002**: Leiter der Sendung *Im Glashaus – Das Philosophische Quartett*, mit Rüdiger Safranski, im ZDF
2004 *Sphären III – Schäume*

Register